AMRA

Jan Erik Sigdell

DIE HERRSCHAFT DER ANUNNAKI

Manipulatoren der Menschheit
für die Neue Weltordnung

AMRA

Eine Originalausgabe im AMRA Verlag
Auf der Reitbahn 8, D-63452 Hanau
Hotline: + 49 (0) 61 81 – 18 93 92
Service: Info@AmraVerlag.de

Herausgeber & Lektor	Michael Nagula
Einbandgestaltung	Guter Punkt
Layout & Satz	Birgit Letsch
Druck	CPI books GmbH

ISBN Printausgabe 978-3-95447-216-1
ISBN eBook 978-3-95447-217-8

Am Ende einiger Großkapitel steht ein kreuzförmiges Zeichen.
Es ist ein Schutzsymbol zur Transformation negativer Energien.

Ebenfalls von Jan Erik Sigdell bei AMRA erhältlich:
Die Manipulationen der Anunnaki. Der Ursprung des Bösen
Der Geheime Krieg der Anunnaki. Satanismus und Glaube
Unsichtbare Einflüsse. Über anhängliche Wesenheiten
Wiedergeburt und frühere Leben. Über Reinkarnation

Inhalt

Die Anunnaki haben die Erde nie wirklich verlassen.
Es blieben einige, um die Menschheit und das Geschehen
zu überwachen und in ihrem Sinne zu beeinflussen.
Dazu gehören offenbar Enlil und Enki.

Vorwort

Es wird heute viel von den Anunnaki geredet und über sie geschrieben. Sie werden in alten mesopotamischen Schriften erwähnt, aber auch in grenzwissenschaftlichen und esoterischen Zusammenhängen sowie bei der brisanten Thematik der Neuen Weltordnung, die politische und wirtschaftliche Fragen von globaler Tragweite behandelt. Erstaunlich, wie dies alles ineinander fließt. Erstaunlich zumindest für den, der sich nicht mit der verborgenen Geschichtsschreibung unserer Welt befasst hat. Aber wer sind die Anunnaki eigentlich? Gibt es sie wirklich, und woher weiß man von ihnen? Gibt es einen Planeten Nibiru?

Der Begriff Anunnaki wurde besonders durch die Bücher von Zecharia Sitchin (1920-2010) zum Gesprächsthema, weil der amerikanische Autor darin die Theorie aufstellte, dass die Anunnaki außerirdische Besucher auf unserer Erde seien und von einem Planeten namens Nibiru kämen. Seine Bücher und Hypothesen fanden einerseits schnell großes Interesse, andererseits wurden sie von Wissenschaftlern und Skeptikern immer stark kritisiert. Man warf ihm vor, seine Interpretationen mesopotamischer Texte allzu wenig mit Quellenreferenzen untermauert zu haben und dass seine sprachliche Auswertung der Texte eher dilettantisch sei. Es trifft zu, dass Quellenangaben viel zu mager sind, und die

Frage nach seinen linguistischen Fähigkeiten mag berechtigt sein. Trotzdem sind seine Thesen auch dann beachtenswert, wenn sie nur in Teilen stimmen sollten – vielleicht aber dafür in wesentlichen Teilen. Um auf die wiederholten Fragen nach Quellen einzugehen, veröffentlichte er später das Buch *Das verschollene Buch ENKI*, das den Eindruck eines echten mesopotamischen Dokuments vermitteln will, doch diese Frage nur noch mehr aufwarf, weil überhaupt keine Quellen angegeben wurden. Manche halten dieses Buch daher verständlicherweise für eine Konstruktion.

In seinem eindrucksvollen Werk *Die Sklavenrasse der Götter* führt Michael Tellinger Sitchins Thesen weiter und untermauert sie durch eigene Untersuchungen und Vergleiche mit unterschiedlichen Kulturen. Er bezieht sich allerdings meines Erachtens etwas zu unkritisch auf Sitchins Schriften, besonders auf letztgenannte Konstruktion. Seine Auffassung über Jesus und Christus als Agenten der Anunnaki beruht dabei auch noch auf einer sehr laienhaften Auffassung vom kirchlichen Christentum. Hätte er sich kritischer mit der Geschichte des Christentums und besonders mit dem Gnostischen Christentum befasst, hätte er dieses Buch so nicht schreiben können. In Unkenntnis dessen ist seine Aussage deshalb leider verfehlt. Wie ich hier zeigen werde, hatte Jesus als Botschafter Christi die Mission, uns über die Herrschaft der Anunnaki aufzuklären und wurde aus diesem Grund getötet. Seine Mission wurde dann von den Gnostischen Christen weitergeführt, bis herrschende Mächte sie ebenfalls auslöschten. Auch bei Tellinger mangelt es im Text an direkten Referenzen auf Quellen, es gibt nur eine allgemeine Bibliografie.

Ein weiterer Verfasser kam erst kürzlich ins Gespräch. Der französisch-deutsche Autor Anton Parks hat einige Bücher auf Französisch herausgebracht, von denen *Eden – la Vérité sur nos Origines* das wichtigste sein dürfte. Er übersetzt darin mesopotamische Texte zum Teil recht anders, als es von Ethnologen und Sprachwissenschaftlern bisher getan wurde. Das Ergebnis ist ein interessanter Beitrag zur einschlägigen Literatur. Jedoch enthält sein Buch überraschenderweise an ein paar Stellen fehlerhafte sprachliche Rückbezüge auf hebräische Begriffe, und es gibt noch einige andere Fragwürdigkeiten, die ich in der vorliegenden Abhandlung aufgreife. Außerdem sind auch in seinem Buch die Quellenangaben leider sehr knapp, besonders hinsichtlich mesopotamischer Quellen in anderen Veröffentlichungen; Angaben nur kodierter Bezeichnungen von Keilschrifttexten machen es schwer, seine Übersetzungen mit anderen zu vergleichen.

Woher stammt eigentlich die Bezeichnung Anunnaki? Sie bedeutet »das Volk des Anu« und zeigte sich erstmals im mesopotamischen Kulturraum auf dort mit Keilschrift beschriebenen Tontafeln, die mehrere Jahrtausende alt sind. In meinem Buch wird die Geschichte der Anunnaki anhand dieser Tafeln nacherzählt und erörtert. Das geschieht von einem eher spirituellen Standpunkt aus – im Gegensatz zu der üblicherweise doch sehr »trockenen« wissenschaftlichen Herangehensweise an solche Texte, die auf einem eher eingeschränkten Weltbild beruht.

Traditionell hält man derartige Schöpfungsmythen meistens für genau das, nämlich Mythen, aber wir wollen sie unter der Hypothese betrachten, dass sie einen wahren Hintergrund haben. Was für ein Weltbild entsteht dadurch und was bedeutet das für unsere monotheistischen Religionen? Mehr noch: Wie könnte es mit aktuellen Ereignissen in unserer Welt heute zusammenhängen?

Darauf will ich versuchen, Antworten zu geben, die wahrscheinlich nicht jedem Leser auf Anhieb gefallen werden, je nach dem eigenen Weltbild. Aber damit bieten sie auch Diskussionsstoff – und sie geben Anlass zum Nachdenken. Mir liegt daran, eine Brücke zu schlagen zwischen den üblichen »wissenschaftlichen« Anschauungen dieser Thematik einerseits und verbreiteten »esoterischen« Büchern und Darstellungen andererseits, die leider oft ein Defizit haben: Es mangelt ihnen nicht selten am bodenständigen Bezug zu den Wurzeln des überlieferten Schrifttums der mesopotamischen Tontafeln und anderer alter Texte (es handelt sich dann eher um losgelöste Zitate, die einer entsprechenden Nachprüfung in vielen Fällen nicht standhalten).

Die weit verbreitete Meinung, dass die Anunnaki einer außerirdischen Rasse angehören, ist natürlich in Kreisen verpönt, die sich für wissenschaftlich halten. Studiert man die alten mesopotamischen Texte, findet man jedoch keinen konkreten Widerspruch dagegen. Ein solches Verständnis ist logisch möglich. Es widerspricht nur unserem derzeitigen offiziellen Weltbild und dem, was in »wissenschaftlichen Kreisen« zur gebräuchlichen Dogmatik gehört.

Dabei sollte es doch heute jedem klar sein, dass wir im Universum unmöglich alleine sein können. Die offizielle Astronomie geht mittlerweile davon aus, dass es Trilliarden von Planeten im Kosmos gibt, und die Wahrscheinlichkeit dafür, dass nur ein einziger Leben hervorgebracht hat, liegt praktisch bei Null. Wenn es also vermutlich Hunderttausende von bewohnten Planeten gibt, ist die Wahrscheinlichkeit, dass es dort draußen auch Zivilisationen gibt, überaus hoch.

Die vorliegende Abhandlung hält sich im Wesentlichen an religionshistorische Tatsachen und wird anhand spiritueller und auch esoterischer Quellen weitergedacht. Im Unterschied zu den genannten Verfassern wird allerdings eine große Zahl von Quellen nachgewiesen, die wir in einschlägigen Büchern und im Internet finden können.

Bei den Wörtern nichteuropäischer Sprache verzichte ich auf wissenschaftliche Transliteration und verwende bei Fremdwörter auch keine Großschrift von Substantiven (nur bei Namen), weil dies in anderen Sprachen nicht gebräuchlich ist. Bei den vielen Angaben von Links im Internet werden unvermeidlich nach längerer Zeit einige nicht mehr gültig sein, denn sie ändern sich manchmal oder die verlinkte Seite ist eines Tages nicht mehr da. Ich hoffe, dass in solchen Fällen der Leser mithilfe der Angaben hier eine entsprechende neue Webseite finden kann.

Jan Erik Sigdell
Dutovlje, Slowenien

Die Welt der Tontafeln in Mesopotamien

Was sagen uns die mesopotamischen Keilschrifttafeln?

Zu den mesopotamischen Kulturen gehörten Babylonien (ca. 2000 bis 1000 v. Chr.), Assyrien (ca. 1170 bis 612 v. Chr.), Akkad (ca. 2340 bis 2125 v. Chr.) und Sumer (ca. 3500 bis 1800 v. Chr.) – wobei die Zeitperioden jeweils nur grob geschätzt sind, verschiedene Quellen machen etwas unterschiedliche Angaben. Ich werde hier nicht strikt zwischen den verschiedenen genannten Kulturen unterscheiden, sondern meistens die allgemeine Bezeichnung »mesopotamisch« verwenden. Diese Kulturen haben uns samt und sonders eine große Zahl von Texten in Keilschrift auf Tontafeln hinterlassen, und sehr viele davon sind bis heute erhalten geblieben, selbst wenn einige beschädigt und auseinandergebrochen sind und andere vermutlich sogar »entführt« wurden, so dass sie sich nun in Privatbesitz oder an unbekannten Aufbewahrungsorten befinden dürften. Leider wurden manche anscheinend auch als »Baumaterial« in späteren Häusern vermauert. Erst im Laufe des 19. Jahrhunderts gelang es allmählich, die Texte auf den Tontafeln zu entschlüsseln, und diese wertvolle Literatur wurde zugänglich. Damit trat ein

Weltbild hervor, das völlig in Vergessenheit geraten und der Welt inzwischen fremd geworden war.

Zu den wichtigsten Texten in unserem Zusammenhang gehören die auf sieben Tafeln enthaltene babylonische Schöpfungsgeschichte *Enuma Elish* [1] (so genannt nach den ersten beiden Worten darin, die »als oben« bedeuten) sowie einige Berichte über die Erschaffung von Menschen. Ich will zunächst kurz die Schöpfungsgeschichte darstellen, wobei ich mich an mehreren Übersetzungen orientiere, die sich stellenweise, und manchmal stark, unterscheiden. Eine ausführlichere Darstellung ist in einem anderen Buch von mir zu finden: *Es begann in Babylon* [2].[1]

Der Text von *Enuma Elish* wurde schon früh auf etwa 2000 v. Chr. datiert. Einige spätere Verfasser wollten ihn um 1000 Jahre jünger ansetzen, nämlich auf 1.000 v. Chr. Eine genauere zeitliche Einordnung bleibt allerdings nach wie vor offen. Die offizielle Wissenschaft betrachtet diese Geschichten eher als Märchen und als Mythologien ohne jede Entsprechung in der wirklichen kosmischen Welt. Da es aber bedeutende Parallelen zu den Mosebüchern in der Bibel gibt, besonders zum 1. Buch Mose (*Genesis*), müsste man folglich jene Bibelbücher ebenfalls als reine Mythologie betrachten. Das tut man jedoch nicht. Ich schreibe deshalb hier unter der ebenso zulässigen *Hypothese*, dass die mesopotamischen Geschichten einen (wenn auch von vielen geleugneten) Wahrheitsgehalt haben dürften …

Im *Enuma Elish* wird erzählt, dass die Göttin Tiamat die Urmutter der Göttergeschlechter war. Der Urvater war Apsu,

---

1 Dieses Buch von 2008 hätte ich heute an vielen Stellen sicherlich anders geschrieben.

Tiamats Gatte. In ihrer Verbindung trat eine Art personifizierte Schöpferkraft hervor, Mummu genannt. Als sie ihre Energien mischten, entstanden zunächst drei Göttergenerationen: Die erste war das Götterpaar Lahmu und Lahamu, daraus ging jenes von Anshar und Kishar hervor. Es folgte als dritte Generation die des Himmelsgottes Anu mit zwei Gefährtinnen und deren Söhnen Enlil (»Herr des Sturms«) und Enki (»Herr der Erde«), die ebenfalls ihre Gefährtinnen hatten. Ihnen entstammte dann ein »Göttervolk«, das Anunnaki oder Anunna genannt wird. Enki wird auch Ea oder Nudimmud genannt.

Die so entstandenen »göttlichen Brüder« störten durch ihr Verhalten Apsu und Tiamat. Apsu konnte sie nicht beruhigen, aber Tiamat war zunächst duldsam. Dann rief Apsu seinen Wesir Mummu, und sie gingen zu Tiamat, um sich mit ihr zu beraten. Sie wollten die »göttlichen Brüder« im Prinzip vernichten oder doch ihre Erschaffung rückgängig machen. Tiamat regte sich darüber auf, denn sie war ja schließlich ihre Urmutter und wollte sie eher gütig disziplinieren. Mummu riet jedoch Apsu zum Fortfahren mit der Vernichtung, worüber sich Apsu freute.

Man wird Apsu in zweifacher Weise verstehen müssen, im einen Aspekt als Urenergie, aus der die Schöpfung hervorging, aber andererseits auch als das Wesenhafte dieser Urenergie. Tiamat wird oft als eine andere Urenergie[2] darge-

2 Man widme in Übersetzungen oft vorkommenden Bezeichnungen wie »Meerwasser«, »Salzwasser«, »Süßwasser«, »Abgrund« und dergleichen nicht zu viel Aufmerksamkeit, weil diese Vorstellungen durch Ethnologen mit einer rein materialistischen Anschauung aufgestellt wurden, ohne Verständnis spiritueller Ebenen der Existenz. Was man in den Übersetzungen »Wasser« nennt, werden *energetische Bereiche*

stellt, kann aber ebenso als das Wesenhafte des weiblichen (gebärenden) Aspekts *eines* als androgyn betrachteten Schöpfers verstanden werden. Die wesenhaften Aspekte werden gerne abgewertet, wenn es nicht ins persönliche Konzept oder ins gängige Weltbild passt, sie als Götter zu sehen – und zwar als Urgötter …

Enki erkannte ihre Pläne und vereitelte sie. Mit Beschwörungen schläferte er Apsu und Mummu ein, übernahm von Apsu die Zeichen seiner Macht und erschlug ihn. Mummu wurde gefesselt. Enki hatte gesiegt und errichtete eine Welt »auf Apsu«, der er dessen Name gab – das heißt, er baute auf der Grundlage der bereits vorhandenen Schöpfung eine eigene Welt auf. Enki wird demnach einen Teil der Urenergie für sich gepachtet haben. Apsu hieß von nun an der Wohnort und Machtbereich Enkis. Hier wurde schließlich von ihm und seiner Gefährtin Damkina (auch Damgalnuna) »*der* Gott« geboren, der »Weiseste der Weisen«: Marduk. Dieser Gott, der vier Augen und vier Ohren hatte, sollte der Zerstörer Tiamats werden, und er belästigte sie Tag und Nacht mit »Strömen«, auch als »Flut« oder »Wellen« übersetzt (und höchst unwahrscheinlich sogar als »Schilfsumpf«, was die sicherlich energetische Natur des Angriffes nicht widerspiegeln kann).

---

jenseits unserer dreidimensionalen Welt sein, für die früheren (und auch manche heutigen) Ethnologen unvorstellbar, da sie mit ihrem eingeschränkten Weltbild versuchten, dem Text einen Sinn zu entnehmen. Wenn Tiamat auch als ein »Chaosmonster« bezeichnet wird, hat das meines Erachtens nur damit zu tun, dass sie im Kampf mit Marduk zu ihrer Verteidigung *Waffen* hat erschaffen müssen, die dann als Monster erschienen. Sie wird nämlich auch als »Frau« bezeichnet und macht in ihrer Mütterlichkeit nicht gerade den Eindruck eines Monsters.

Einige »Götter« haben nun böse Pläne, werfen Tiamat Untätigkeit vor und fordern sie zum Kampf auf. Tiamat rüstet sich. Die Lager der »Götter« spalten sich, einige halten zu Marduk, andere wechseln zu Tiamat über, die – vorher Gebärerin der »Götter« – für die bevorstehende Auseinandersetzung zu ihrer Verteidigung unüberwindliche »Waffen« mit Monsterschlangen erzeugt. Diese haben scharfe Zähne, ihre Körper sind mit Giften gefüllt. Sie lässt grausame aber gottähnliche Drachen entstehen, deren Anblick Schrecken einjagt. Sie stellt eine Horde von Monstern auf – den Drachen Hydra, einen Dämon (ebenfalls »Lahamu« genannt), den tollwütigen Hund, den Löwenmann, den Skorpionmann, Sturmdämonen und andere mehr. Elf Arten von Monstern entstehen, und Tiamats Erstgeborener Kingu (etwa »Mitarbeiter«) wird ihr Anführer und auch gleich Tiamats neuer Gatte. Darin wird man wohl eine Trennung zwischen den ursprünglich eher einheitlichen Energien von Apsu und Tiamat sehen müssen.

Enki erfährt von den Vorbereitungen und bekommt Angst. Er berichtet Anshar darüber, der sich ebenfalls sehr beunruhigt. Dieser bittet Enki, Tiamat zu besänftigen. Da Enki bereits Apsu getötet hat, will Anshar später, dass er auch Kingu töten soll. Er erkennt jedoch die Stärke Tiamats und bittet, einen anderen gegen Tiamat auszusenden. Anshar wendet sich daraufhin an Anu, der erst mit Tiamat verhandeln möchte, dann aber vor ihrer Kampfbereitschaft zurückschreckt. Die Anunnaki – *das Volk des Anu* – sind besorgt. Enki ruft nun Marduk zu seinem Gemach und fordert ihn zum Kampf auf, und dieser nimmt die Herausforderung voller Streitlust an.

Gut und Böse in der Götterwelt

Wir bekommen zunächst den Eindruck, dass unter den von Tiamat und Apsu hervorgegangenen »Göttern« auch »Schwarze Schafe« waren. Tiamat wollte sie mütterlich dulden, aber Apsu wollte sie beseitigen, um wieder Ruhe und Ordnung herzustellen. Die Störenfriede führten daraufhin einen Aufstand durch und übernahmen durch Mord und Gewalt die Macht. Dies erscheint uns fast wie eine Variante der uns geläufigen Geschichte von Satan und den »gefallenen Engeln«, die ihm folgten! Tiamat wird dann von der Notwendigkeit zu kämpfen überzeugt und ist bereit, einzugreifen und sich zu verteidigen.

Auf welcher Seite ist also das Böse? Es wird einerseits von dem »bösen Plan« Mummus und Apsus zur Beseitigung jener »göttlichen Störenfriede« gesprochen, und es steht von Tiamat, dass sie »in ihrem Herzen über das Böse nachsann« (andere und bemerkenswert unterschiedliche Übersetzungen: »sich im Herzen grämte«, »unterdrückte das Böse in ihrem Bauch«, »verzweifelte wegen der bösen Pläne« und »einen Fluch aussprach«), als sie diesen Plan erst ablehnte. Andererseits scheinen die Tat Enkis sowie sein und Anshars Plan, der von Marduk ausgeführt wird, nicht weniger böse zu sein. Enki selbst tötet seinen Urgroßvater und lässt seine Urgroßmutter umbringen – die zwei Urgötter! Vater und Mutter der ganzen Schöpfung! Marduk wird dadurch zum Herrn der Welt, zum »Gott« unserer Erde und ihrer Menschen und schließlich zum obersten »Gott« Babylons. Man bekommt den Eindruck, dass hier »Böses« und »Gutes« aus der umgekehrten und subjektiven Sicht seiner Verehrer dargestellt werden – eine Sichtweise, die kritiklos von den

Ethnologen und Tafelkundigen übernommen wird ... Dem kritischen Leser mögen aber Enki, Anshar und Marduk eher als die wahren Übeltäter erscheinen! Und sie gewinnen schließlich den Kampf ... – sind es die »Rowdies« der Götterwelt, die durch List und Mord die Macht übernehmen? Zumindest über einen Teilbereich der Welt Apsus?

Ein kosmischer Kampf

Es kommt zu einem gewaltigen kosmischen Kampf, der in mancher Hinsicht an eine *Star Wars*-Geschichte erinnert. Auf dem Höhepunkt des Kampfes tötet Marduk die Göttin Tiamat. Wie sich das vollzieht? Marduk nähert sich Tiamat, und alle seine Helfergötter marschieren an seiner Seite. Tiamat lässt ein lautes Gebrüll los, und Marduk klagt sie dafür an, in Arroganz und Überheblichkeit einen Konflikt hervorgerufen und durch Verschwörung Unfrieden verursacht zu haben. Söhne hätten durch ihren Einfluss ihren Vätern unrecht getan, und sie selbst würde ihre Kinder grundlos hassen. Sie hätte das Böse gesucht – Marduk stellt also die Verhältnisse umgekehrt dar! Er fordert sie zu einem Kampf heraus, der mit ihrem Tod endet.

In der Folge übernahmen die Anunnaki, die nach Anu erschaffenen Götter, die Macht über ihren Bereich der Schöpfung.

Nun ist es natürlich unmöglich, dass sie die Urschöpfer ihrer selbst und des ganzen Kosmos – und damit auch sich selbst – umbringen könnten. Die wahre Bedeutung wird deshalb sein, dass sie ihnen den Rücken kehrten und ihren

Anunnaki diese Schöpfer für tot erklärten, so dass sie so leben sollten, wie wenn es sie nicht mehr gäbe. Damit bildeten sie im Universum eine abgetrennte Region, eine Art von Enklave, worin sie lebten, als seien sie allein. Es dürfte also mit der Existenz weiterer Bereiche neben denen der Anunnaki zu rechnen sein, wenn wir der Geschichte eine grundlegende Realität beimessen und sie nicht nur für einen Mythos halten wollen. Das würde auch die Existenz anderer »Göttervölker« (Außerirdischer) erklären, die nicht in den Keilschrifttafeln erwähnt und der mesopotamischen Bevölkerung wahrscheinlich unbekannt waren.

Diese Anunnaki kamen später zur Erde und »erschufen«[3] hier Menschen – nicht aus der Urenergie, was ein *wahres Erschaffen* gewesen wäre, sondern durch die genetische Manipulation bestehender Lebensformen, eher eine Art »Fertigung« oder »Herstellung«, ein weiterer Anklang an *Star Wars*, nämlich in Bezug auf Klonkrieger. Die beiden »Götter«, die hauptsächlich die Erde in Besitz nahmen und dann über sie herrschten, waren Enlil und Enki.

Dies bedeutet aber nicht, dass die mesopotamische Religion strikt polytheistisch war, denn eigentlich wird nur *einer* als Urschöpfer erwähnt, wenn auch in zwei Aspekten, als männlich (Apsu) und weiblich (Tiamat) gleichermaßen, in gewisser Weise androgyn (der weibliche Aspekt ist die »gebärende« Schöpferkraft). Die anderen »Götter« sind unterge-

---

[3] Ich verwende stellenweise das Wort »erschaffen« in Anführungsstrichen, weil ein echtes Erschaffen etwas aus der Urenergie entstehen lässt, das vorher nicht da war. Stellt man etwas durch Manipulation von bereits existierenden Formen her, ist es eigentlich kein Erschaffen. Aus ähnlichen Gründen schreibe ich oft auch »Götter« in Anführungsstrichen.

ordnete Wesen zwischen uns Menschen und dem wahrhaft Göttlichen. Analog könnte sonst das Christentum mit einer ganzen Versammlung von Gott, dem Heiligen Geist, Christus, Maria und einer großen Anzahl von Engeln auch als zumindest semipolytheistisch betrachtet werden – angesichts Verehrung von auch noch einer Vielzahl von »Heiligen« sogar als fast multipolytheistisch ...

Es ist eine wichtige Tatsache, dass Ethnologen und Linguisten harte Indizien dafür gegeben haben, dass unsere Bibel zu einem wesentlichen Teil (in den Mosebüchern, besonders im 1. Buch Mose) den Ursprung in mesopotamischen Texten haben dürfte, die gekürzt und modifiziert sind. Die Bibel beginnt mit der Erschaffung der Erde und der Menschen. *Enuma Elish* fängt früher mit der Urschöpfung selbst an und enthält einen Abschnitt, der in der Bibel fehlt. Dass Theologen und Rabbiner sich mit allen Mitteln gegen eine solche Betrachtungsweise wehren, spricht eher für eine gewisse Taktik, deren sie sich bedienen, um ihre Position zu verteidigen.

Anton Parks [3] interessantes Buch *Eden* enthält alte mesopotamische Texte. Er hat sie in einer Art und Weise übersetzt, die sich von den Übersetzungen verschiedener anderer Gelehrter der mesopotamischen Sprachen in mancher Hinsicht unterscheidet. Was hier zunächst von Interesse ist, ist seine Darstellung der Anunnaki-Götter Enki und Enlil.

Enlil liebt die menschliche Rasse nicht, sondern *verachtet* sie. Er ist der »Herr des Zorns«, und Menschen sind für ihn nichts als Tiere. Gemäß Parks sei Enki eigentlich sein Vater (S. 77-78) und nicht, wie sonst allgemein angenommen, sein Bruder. Enlil soll dieses Spiel inszeniert haben, um zumindest demjenigen gegenüber als annähernd gleichwertig dazustehen, der in Wahrheit sein Vater sei. Diese Information weicht von der üblichen Auffassung über Enki und Enlil ab und wird mit dem Zitat begründet: »Enlil, als der Vater, der dich zeugte, Enki (mit) Ninki [Damkina], spreche ich dir ein Gebet in meiner Gunst.« (Dieses Zitat ist jedoch *unklar* [4].) Andererseits gibt es auch einen Text, in dem umgekehrt Enlil als Vater von Enki bezeichnet wird [5]. Der familiäre Status ist also noch bei Weitem nicht geklärt.

Wie dem auch sei, Enki ist jedenfalls ein *Freund* der Menschheit, wird manchmal aber auch als »Schlange« bezeichnet, vielleicht ein Symbol seiner Weisheit. Er trägt die Geheimnisse der »Götter«, welche die Menschen nicht wissen sollen (S. 100). Er ist der Herr des Wissens, der allerdings das Verbot übertrat und den Menschen verschiedene Geheimnisse offenbarte, die er für sich hätte behalten sollen.

Himmelsdach und Erde

Die Helfergötter Tiamats versuchten zu fliehen. Sie wurden jedoch gefangen genommen und ihre Waffen zerstört. Marduk spaltete den Schädel der Tiamat und schnitt ihre Blutgefäße durch. Den »Nordwind«[4] ließ er den Schädel (oder ihr Blut) in eine entfernte Gegend tragen – und die »Götter«, die sich auf seine Seite geschlagen hatten, jubelten. Den Rest des Körpers teilte er entzwei, wie man einen Fisch zum Trocknen teilt. Aus der einen Hälfte ließ er Tiamat ein Dach am Himmel bilden. Er

[4] Es wurden vier Winde und sieben destruktive Winde erschaffen. Man hat den Eindruck von »fliegenden« Waffen und strömenden Energien. Gar auch von Transportmitteln?

spannte ihre Haut aus und teilte einen Wächter ein, der ihr »Wasser« (ihre Energie) nicht entweichen lassen sollte. Vom Gegenstück erschuf er Esharra – die Erde. Dann erschuf er auf der Erde Aufenthaltsorte für die großen »Götter«.

Marduk ließ den Tierkreis am Himmel entstehen und legte das Jahr mit 12 Monaten fest. Er erklärte Nibiru zum Ort der »Götter«, um ihre Pflichten zu verkünden.

Schließlich setzte er den Mond in seinen Lauf. Das bedeutet wohl, dass er die Umlaufbahn der Erde um die Sonne festlegte sowie die des Mondes um die Erde, woraus sich der Tierkreis und mit der Bewegung des Mondes auch die Monatseinteilung des irdischen Jahres ergeben.

Die »Götter«, die hier wirkten, waren die Anunnaki, deren oberster »Gott« Enkis Vater Anu war, der Himmelsgott. Nibiru (s.u.) wird von vielen als ihre Heimat angesehen.

Die Erschaffung der Menschheit

Marduk sprach: »Blut will ich bilden und Knochen entstehen lassen: Dann werde ich den Menschen machen, sein Name soll ›Mensch‹ sein. Ja, ich will den Menschen erschaffen! Ihm soll der Dienst der Götter auferlegt werden, so dass sie ruhen können.«

Um Menschen auf der Erde entstehen zu lassen, wurde Kingu zur Strafe dafür getötet, dass er zu Tiamats Kampf aufrief, und aus seinem Blut und seinen Knochen entstanden Erdenmenschen. Einige weitere Keilschrifttafeln befassen sich näher damit, wie das irdische Menschengeschlecht »erschaffen« wurde. Darin wird auch eine andere Schöpfungsgeschichte erzählt, in der die Göttin der Geburt, Ninhursag (»Dame der heiligen Berge«) – auch Mami (»Mutter«), Nintu (»Geburtsgöttin«) oder Belet-Ili (»Dame der Götter«) genannt –, mit der Erschaffung beauftragt wird, wie weiter unten noch ausgeführt wird.

Die Menschen sollen die Felder der Anunnaki bestellen und bewässern, so dass sie viel erzeugen. Sie sollen die Feste der »Götter« feiern und Ochs, Schafe, Rind, Fisch und Geflügel halten. Auch andere Tontafeln sprechen davon, dass der Mensch »erschaffen« wurde, um ohne viel eigene Freiheit den »Göttern« zu dienen.

Eher als ein *Sklave der Götter* …

Ein Heiligtum auf Erden

Dreihundert der Anunnaki wurden Himmelswächter. Weitere dreihundert Anunnaki wurden für den Dienst auf der Erde eingeteilt. Diese werden auch Igigi genannt.[5] Die Letzteren wollten nun einen irdischen Aufenthaltsort für sich und Marduk errichten.

So entstand in Babylon ein hoher turmförmiger Tempel namens Esagila, in dem Aufenthaltsräume für Marduk, Enlil und Enki eingerichtet wurden. Anschließend errichteten die Anunnaki noch Altäre für sich selbst. Marduk wurde von Anu – seinem Großvater – auf ziemlich diktatorische Weise zum »Gott« der Menschen ernannt.

---

5 Es ist allerdings nicht ganz klar, welche Gruppe der Anunnaki Igigi genannt wird.

Bei dem so entstandenen Heiligtum könnte man an den Garten Eden denken. Das erscheint an dieser Stelle ein wenig weit hergeholt, weil bisher kaum etwas in der Geschichte an den Schöpfungsmythos der Bibel erinnert. Aber ich darf Ihnen versichern: Das kommt noch!

Was ist Nibiru?

In *Enuma Elish* wird auf Tafel 5, Zeile 6, Nibiru erwähnt (manche Übersetzer schreiben Nebiru oder Neberu). In den Übersetzungen wird er unterschiedlich als Polarstern, Jupiter, Merkur, Pol des Universums, Ergreifer der Mitte, »der Tiamat in der Mitte ergreift« und als Planet des Durchgangs (oder Übergangs) bezeichnet. Auf Tafel 7, Zeilen 124-129, wird Nibiru als ein Stern bezeichnet, der den Übergang zwischen Himmel und Erde kontrolliert, und zwar als der »Stern Marduks«.

Die folgenden aus mehreren verschiedenen Übersetzungen und Versionen der Tafeln [6] zusammengestellten Zitate (mit gelegentlich entsprechend alternativer Wortwahl) beinhalten so ziemlich alles, was man in *Enuma Elish* über Nibiru erfahren kann:

Tafel V, 6 ff.: »Nachdem er die Zeiten des Jahres durch Zeichen (Sternbilder) festgesetzt hatte, bestimmte er (gab er ihnen) den Standort des Nibiru, um ihre Beziehungen (ihren Kurs, die Sternenabstände) zu bestimmen (festzulegen). Damit keiner einen Fehler oder eine Unterlassung (Nachlässigkeit) begehe, legte er so den Standort von Enlil und Enki (mit Nibiru) fest. Er öffnete Tore an beiden Seiten und brachte rechts und links starke Riegel (Verschlüsse, Bolzen) an. Und in ihrem (Tiamats) Bauch (ihrer Mitte) setzte er den Zenit (die Himmelshöhen).«

Tafel VII, 124 ff.: »Er fürwahr erfasst Ende und Anfang. Als Nibiru, der Ergreifer der Mitte (von Tiamat), möge er den Übergang von Himmel und Unterwelt (zwischen Himmel und Erde) (aufrecht) halten (die Bahnwendepunkte ergriffen halten), man sollte (die Götter sollten) weder oben noch unten hinübergehen, sondern auf ihn warten. Nibiru ist sein Stern, welchen er am Himmel leuchten ließ, möge er auf der himmlischen Leiter seinen Stand nehmen, so dass man ihn sehen kann (möge er Anfang und Zukunft aufrecht halten und man ihn verehren). Ja, wer immer wieder ohne zu ruhen das Meer überschreitet (seinen Weg durch Tiamat erzwingt, die Mitte der Tiamat durchschreitet), dessen Name sei Nibiru, der die Mitte einnimmt (erfasst). Möge er den Pfad der Sterne des Himmels beständig machen und wie Schafe alle Götter weiden. Möge er Tiamat binden und ihr Leben in tödliche Gefahr bringen (ihr Leben beenge und kürze er).«

Interessant ist hier, dass Tiamats Leben »in tödliche Gefahr« gebracht werden soll, obwohl sie nach den vorhergehenden Tafeln von *Enuma Elish* ja bereits tot war … Eine Übersetzung von Wolfram von Soden [7] lautet: »Nibiru soll die Übergänge von Himmel und Erde besetzt halten, denn droben und drunten fragt jeder, der den Durchgang nicht findet, immer wieder ihn. Nibiru ist sein (Marduks) Stern, den sie am Himmel sichtbar werden ließen, er fasste Posten am Wendepunkt, dann mögen sie auf ihn schauen und sagen: ›Der die Mitte des Meeres (Tiamat) ohne Ruhe überschreitet, sein Name sei Nibiru, denn er nimmt die Mitte davon ein.‹ Die Bahn der Sterne des Himmels sollen sie unverändert halten.« Die erstaunlichen Unterschiede in der Deutung zeigen die Schwierigkeiten, die man mit diesen Textabschnitten hat. Man vermischt in unklarer Weise auch das Verständnis von Tiamat als »Meer« und als Wesenheit (vgl. Fußnote 2), eine Unklarheit, die es auch in den Originalversionen zu geben scheint.

Es hat kaum jemand die Frage aufgegriffen, die sich eigentlich aufdrängt: Wo sollte ein Durchgang sein und wo die Mitte des »Meeres« (das Tiamat zugeordnet ist)? Wie würde ein solcher Übergang denn überhaupt geschehen? Hält Nibiru dort Wache und kann man vielleicht nur mit seiner Erlaubnis »hindurchgehen«?

Da Nibiru auch als Stern oder Planet (jedenfalls als Himmelskörper) bezeichnet wird, haben manche darin die Heimat der Anunnaki sehen wollen. Zecharia Sitchin (1920-2010) [8] stellte es in seinem ersten Buch *Der zwölfte Planet* entsprechend dar, zunächst aber ohne den angeblichen Heimatplaneten beim Namen Nibiru zu nennen. Zunächst schreibt er nur vom »12. Planeten«, nennt ihn auch »Marduk«, denn wenn man – wie in alten Zeiten üblich – den Mond und die Sonne ebenfalls als Planeten betrachtet, sind uns deren elf bekannt. Gäbe es einen weiteren, wäre es demnach der zwölfte. In späteren Büchern, *Die Kriege der Menschen und Götter* [9] und anderen, benennt er diesen hypothetischen Planeten als Nibiru.

Sitchins Interpretation der mesopotamischen Texte wurde von der Schulwissenschaft scharf kritisiert. Was ist wirklich davon zu halten?

Seit über 100 Jahren spekuliert man in der offiziellen Astronomie darüber, dass es jenseits von Neptun einen weiteren Planeten geben könnte, Planet X genannt. Beobachtete Anomalien in den Umlaufbahnen der bekannten äußeren Planeten könnten durch seine Gravitation erklärt werden [10]. Man spekuliert auch über einen Stern namens Nemesis (vom Typ Brauner Stern), der weit draußen die Sonne umkreisen und eigene Planeten haben soll [11]. Ein weiterer spekulativer Planet »weit draußen« ist Tyche [12]. Noch einer nennt sich Hercolubus [13], der – sofern existent – bei Annäherungen an die Erde durch seine Schwerkraft bereits in alten Zeiten Naturkatastrophen verursacht haben soll. Andere Bezeichnungen sind »Der Zerstörer« und »Wermut« (weil ein übler Stern in Offb 8,11 so genannt wird). Ein kleinerer transneptunischer Planet namens Eris (vorher Xena genannt) wurde 2005 entdeckt; er hat einen Mond, der Dysnomia heißt.

Angesichts derartiger Überlegungen auch in der offiziellen Wissenschaft wäre wohl Sitchins Hypothese nicht sonderlich befremdlich – wenn er seinen »12. Planeten« nicht für bewohnt gehalten hätte, nämlich von den Anunnaki. So etwas zu behaupten ist in der wissenschaftlichen Welt ja verpönt. Man hütet sich sorgfältig davor, sich mit solchen Theorien der Lächerlichkeit durch Kollegen preiszugeben und sich zur Zielscheibe von Intriganten zu machen, denn das könnte das Ende einer Karriere sein. Außerirdische dürfen in jener Welt nicht existieren, geschweige denn fremde Zivilisationen, am allerwenigsten eine, die uns in technischer Hinsicht voraus ist.

Sitchin zufolge entspricht die Umlaufbahn Nibirus der eines Kometen: Er bewegt sich auf einer langgestreckten elliptischen Bahn. Die Umlaufzeit beträgt Sitchins Berechnungen nach etwa 3600 Jahre, und der Planet sei in uralten Zeiten von irgendwoher in unser Sonnensystem geraten und habe sich eine ganze Weile darin aufgehalten.

Nibiru wird in *Enuma Elish* als »leuchtend« bezeichnet, und es besteht eine Verwandtschaft der mesopotamischen Sprachen mit dem Hebräischen. Eine in meinem Hebräisch-Wörterbuch [14] als nicht gebräuchlich bezeichnete Wurzel lautet *niberash* = »leuchten, strahlen«. Dieses Wort hat ungefähr die gleiche Bedeutung (unter anderem) wie *helal.* Davon abgeleitet ist *hejlal* = »der Leuchtende« oder »der Lichtbringer«, ein Wort, das in der lateinischen Bibelübersetzung zu »Luzifer« wird. Eine Assoziationskette, die zu Spekulationen führen kann …

Parks [3] kritisiert Sitchins Behauptung zurecht, denn dieser hat sie nie (oder höchstens nur knapp) mit Quellenangaben untermauert. Er hat sich auf die dürftigen Informationen in *Enuma Elish* verlassen und auch nie Fragen danach beantwortet. Allerdings veröffentlichte er eine Schrift, die angeblich einen alten mesopotamischen Text enthält und seine Behauptungen bestätigen soll: *Das verschollene Buch ENKI* [15]. Doch auch für diesen Text fehlen jegliche Quellenangaben, und so ließ er uns wieder nicht wissen, woher er den Text hatte, und man wird davon ausgehen müssen, dass er eine reine Erfindung ist [3].

Es hat fast den Anschein, als habe Sitchin uns mit einiger Verspätung eine Antwort auf die drängenden Fragen vieler Leser nach Quellenangaben geben wollen – und damit nur neue Fragen aufgeworfen. Seine sprachlichen Deutungen wurden eher als dilettantisch eingestuft, und das wird nicht von ungefähr so gewesen sein, auch wenn man sich natürlich um Widerlegungen *bemüht*, weil man seine Behauptungen mit allen Mitteln grundsätzlich bekämpfen will.

Sitchin hat uns auch eine meiner Meinung nach wichtige Angabe in *Enuma Elish* unterschlagen, nämlich den Göttermord, die Information, dass Apsu und Tiamat von ihren eigenen Geschöpfen »umgebracht« wurden. Das ist nämlich der Grund dafür, dass man diese aus der eigenen Schöpfungsenklave ausschloss, wie wenn sie tot wären (s.o.). Nimmt man das *Enuma Elish* einigermaßen ernst, und das tun wir hier hypothetisch, ist ja diese ungeheuerliche Information von einer grundlegenden Bedeutung. Sie hat mit dem Abfall des entsprechenden Teils der Schöpfung zu tun: Sie ist der eigentliche »Fall der Engel« und die »Ursünde« der Abtrennung, die *Sünde der Sonderung* (Wortspiel absichtlich). Darauf ging aber Sitchin nie ein.

Sitchins Behauptung über Nibiru hat zu einer Flut von Internetberichten geführt. Es vergeht kaum eine Woche, ohne dass jemand darüber berichtet, Nibiru wie eine zweite Sonne oder eine andere Himmelserscheinung gesichtet zu haben. Man findet dazu Videos und Aufnahmen, aber es kann nicht ausgeschlossen werden, dass einige davon grafisch »aufgearbeitet« sind. Ich selbst habe noch keine derartige Erscheinung beobachten können, und da mir deshalb die persönliche Bestätigung fehlt, halte ich diese Meldungen für zweifelhafter, je häufiger es dazu kommt. Es gibt Berechnungen vom Lauf und Standort Nibirus am Sternenhimmel und darüber, wann er in Erdnähe gelangen soll. Diese unterscheiden sich aber erheblich und sind kaum auf einen Nenner zu bringen. Das bedeutet freilich nicht, dass es keinen solchen Planeten gibt, aber es zeigt, dass wahrscheinlich viele und vielleicht die Mehrzahl der Meldungen von Trittbrettfahrern stammen, die ihre »Berichte« konstruieren – oder auch, dass es sich um Desinformation handelt.

Seit Januar 2015 wird allerdings immer wieder von einer Erscheinung berichtet, die sich in der Korona der Sonne wie eine große schwarze Kugel abzeichnet. Mit dem bloßen Auge, ohne geeignetes Instrumentarium, kann man sie nicht wahrnehmen. Möglicherweise handelt es sich wirklich um einen großen Planeten im Perihel. Oder auch dies sind wieder Meldungen von Trittbrettfahrern ... Es bleibt abzuwarten.

Früher habe ich Sitchins Theorien leichter Glauben geschenkt als heute, obwohl ich schon damals mit vielem nicht einverstanden war. Wenigstens ließen sich dadurch einige besondere Bibelstellen anders verstehen, als das Dogma es wollte, und manche davon werden wir weiter unten besprechen. Noch heute halte ich einige seiner Theorien für durchaus beachtenswert, auch wenn man sie mit einer gehörigen Portion Vorsicht betrachten sollte.

Es spricht meiner Meinung nach grundsätzlich nichts gegen eine Deutung von *Enuma Elish* und anderer mesopotamischer Texte, die darauf hinausläuft, dass Außerirdische auf die Menschheit Einfluss genommen haben, so verpönt ein derartiges Verständnis im sich wissenschaftlich dünkenden Lager auch ist. Eine solche Deutung der Texte stößt kaum auf logische Widersprüche, sondern provoziert eigentlich nur *emotionale* Reaktionen.

Parks [3] meint, dass der Ort der »Götter« nicht Nibiru, sondern Duku sei: der heilige Hügel – aber erst nach ihrer Ankunft auf der Erde. Woher sind sie dann gekommen – von einem »himmlischen Duku«? Marduk(u) könnte »Beschützer« oder »Sohn des Duku« bedeuten. Ein Berg in Kharsag (Hursag) wurde ebenfalls Duku genannt – in der Stadt, die von manchen als der »Garten Eden« betrachtet wird. Allerdings bedeutet das sumerische Wort *kharsag* einfach nur »Berg« im Allgemeinen und bezeichnet keinen speziellen Berg. Von dort soll jedenfalls der älteste religiöse Text Mesopotamiens stammen, der auf einem Zylinder geschrieben steht und nach seinem Entdecker der »Barton-Zylinder« genannt wird.

George Aaron Barton hat 1918 die erste Übersetzung veröffentlicht. Parks übersetzt den ersten Abschnitt interpretierend wie folgt: »Sie kamen in Kraft von jenseits der Zeit und wurden eines Tages von dem Aufruhr [Wort unsicher] des Universums getragen. Enlils Ernährung gab ihnen das Leben. Hinsichtlich der Schlangendame (Sir, Ninma, Ninhursag) hatte es eine Anrufung gegeben, weil sie die Gunst gewährte, die sie alle leben ließ.« Barton übersetzt: »Er kam hervor, er kam von Kesh. Die Speise Enlils gibt ihm Leben. Zu Sir wird er gerufen, sie gewährt eine Gunst, lässt alle leben.« Woher Parks die weiteren Worte hat, ist rätselhaft. Kesh war eine sumerische Stadt, aber laut Parks bedeutet das Wort ursprünglich »Universum, die übrige Welt«. In Parks Besprechung wird Enlil als *shatam* bezeichnet, ein sumerisches Wort, das ihm zufolge »Administrator eines Gebiets« bedeutet. Er erklärt, dass im sumerischen Text ein Schriftzeichen stehe, das sowohl *lul* (Lügner) wie auch *shatam* bedeuten könne, und wählt die letztere Bedeutung.

Ausgehend von dieser Stelle folgt im Buch eine Erörterung darüber, wer eigentlich »Satan« sei, und Parks behauptet unzutreffenderweise, dass es einen Zusammenhang mit dem hebräischen Wort *satam* gäbe, das »hassen« und »verfolgen« bedeute. Das stimmt aber nicht, denn es bedeutet eher »anhalten«, »verhindern« und »Fallen stellen«. (Auf dieses Thema komme ich noch zurück.) Enlil wird auch als »Herr aus der Nacht und der Menschen in den Graben (Ausgrabungen)« beziehungsweise als »Herr des Sturms und der Menschen mit den Spitzhacken« bezeichnet.

Parks Übersetzung befasst sich außerdem viel mit den Krankheiten der Menschen, die ihnen »von oben her« auferlegt wurden, um ihre Zahl zu verringern, da sie (vermutlich mit Enkis Hilfe) unerlaubt Zutritt zum »Garten der Götter« bekommen hatten (vgl. unten die Sintflutgeschichte). Enki bemühte sich darum, ein Heilmittel herzustellen, und zwar in Form eines alkoholischen Getränks – vielleicht eine Kräutertinktur oder ein Bier aus vergorenen Früchten und Kräutern.

Liest man aber mit Parks, dass die »Götter« von »jenseits der Zeit« und wegen eines »Aufruhrs des Universums« von irgendwoher kamen, um sich später in Duku niederzulassen, passt das schon besser zu Sitchins Theorie über Nibiru als einem Himmelskörper, der von jenseits unseres Sonnensystems gekommen ist. Obwohl Zweifel berechtigt sind, erscheint diese Theorie nicht ganz abwegig. Sie verdient es auf jeden Fall, in Erwägung gezogen zu werden.

Es ist keineswegs erstaunlich, dass Anton Parks – ähnlich wie Zecharia Sitchin, nur auf etwas andere Weise – für seine Übersetzungen und Interpretationen von Vertretern der »klassischen« Betrachtungsweise scharf kritisiert und sogar als Desinformant bezeichnet wurde [16]. Einerseits will man natürlich die herkömmlichen Deutungen und das anerkannte Verständnis verteidigen und wertet deshalb »Schwarze Schafe« im Flock ab, besonders wenn sie nicht zum »Verein« gehören. Andererseits scheint mir vieles an der Kritik berechtigt zu sein.

Wie meistens wird wohl die Wahrheit irgendwo in der Mitte liegen. Der Leser mag versuchen, sich ein eigenes Bild zu machen (anhand der Referenzen, selbst wenn die

Texte in Französisch sind). Parks übersetzt jedenfalls wortreich und interpretierend (oder auslegend), so dass seine Übersetzungen oft wesentlich länger als die herkömmlichen sind. Sie enthalten oft auch Worte, die man in anderen Übersetzungen nicht findet.

Himmelsdach und Tiamat

Sitchin meint, dass das »Himmelsdach« der Asteroidengürtel sei. Wie ist dieser Gürtel entstanden? Es gibt ein empirisches Gesetz in der Astronomie, das die Titus-Bode-Reihe genannt wird. Es wird durch folgende Formel ausgedruckt: $R_n = 4 + 3 \cdot 2^n$, wobei R_n ein Maß für den mittleren Radius der Planetenbahn und n die Nummer des Planeten ist, von der Sonne aus gerechnet und bei Venus beginnend. Für Venus also $n = 0$, für die Erde $n = 1$ und so weiter.

Jedoch liegt für $n = 3$ eine Lücke zwischen Mars und Jupiter vor. Hier wäre eigentlich ein Planet zu erwarten, doch stattdessen finden wir eine riesige Zahl umherstreifender Asteroiden und Felsbrocken. Man hat deshalb vermutet, dass dies Reste eines hypothetischen zertrümmerten Planeten sein könnten, der Mallona oder Phaeton genannt wird. Die heutige Astronomie ist zwar mit Alternativerklärungen von dieser Theorie eher wieder abgekommen, aber jene Erklärung dürfte gleichwohl von Interesse sein, denn sie ist alles andere als unwahrscheinlich.

Sitchin behauptet, dass dieser zertrümmerte Planet, den er Tiamat nennt, einst in uralter Zeit mit Nibiru auf Kollisionskurs geraten war, da letzterer in einer ausgedehnten Ellipse die

Bahnen der anderen Planeten querte – was zu der Bezeichnung »Planet des Durchgangs« passen würde. Er deutet den Kampf zwischen Marduk (Nibiru) und Tiamat als eine konkrete physikalische Auseinandersetzung zwischen den Planeten, wobei der »Planet Tiamat« zertrümmert wurde, und zwar von einem Mond Nibirus. Etwa die Hälfte des Planeten zerbröselte, wodurch der Asteroidengürtel entstand, die andere Hälfte wurde aus der Bahn geworfen und bildete später die Erde (Esharra, siehe oben). Möchte man aber *Enuma Elish* hypothetisch als mehr denn nur einen Mythos betrachten – und zieht man auch Sitchins Meinung in Betracht, dass Nibiru von den Anunnaki bevölkert war und noch immer ist –, wird man sich aus dieser Betrachtungsweise fragen, ob nicht der »Planet Tiamat« ebenfalls bevölkert war.

Was sich dadurch ändert? Nun, es ging dann vielleicht eher darum, dass die beiden Bevölkerungen aus reiner Selbsterhaltung bemüht waren, die Bedrohung durch den jeweils anderen Planeten abzuwehren. Man hätte dann wohl versucht, den anderen abzulenken und notfalls zu zerstören. Warum Sitchin den Planeten Tiamat nennt, ist nicht ganz klar, aber es könnte sich dort eine Zivilisation befunden haben, die zu einem anderen Bereich der Schöpfung zählte und mit der »Enklave« (s.o.) der »abfälligen« Anunnaki nicht einverstanden war. Gewissermaßen zwei unterschiedliche politische Lager, wobei sich das eine eher an Tiamat orientierte.

Parks behauptet hingegen, dass Nibiru schlicht der Mond des zerplatzten Planeten Phaeton (»Tiamat«) sei, was jedoch mit der Zerstörung des Planeten schwer vereinbar ist. Wie sollte dann der Planet zerplatzt sein? Dazu passt schon besser Sitchins Kollisionskurs-Theorie.

Etwas, was den eingefleischten Vertretern der offiziellen Wissenschaft sauer aufstößt, ist auch, dass die Anunnaki in ihrer technisch-wissenschaftlichen Einwicklung offensichtlich schon damals viel weiter waren als wir heute – jedenfalls angesichts ihrer genetischen Möglichkeiten zur Manipulation von Lebensformen, wie nachfolgend dargestellt wird –, und dass sie die Raumreise werden beherrscht haben müssen.

Aber wie sollte so etwas möglich sein? Eine Antwort dürfte darin bestehen, dass unser Universum zweifellos *mehrdimensional* ist. Unsere heutige Physik erkennt zunehmend an, dass der Kosmos mehr als drei Dimensionen haben muss, die allerdings die einzigen sind, die wir Erdenmenschen mit unserer eingeschränkter Auffassung wahrnehmen können.

Wenn also das Universum weit mehr als drei Dimensionen hat, ist es sicher nicht weit hergeholt zu denken, dass es darin auch *mehrdimensionale Lebewesen* gibt. Sollten folglich die Anunnaki beispielsweise fünfdimensionale Wesen sein, wären sie allein dadurch schon in der Lage, Dinge zu tun, die wir uns nicht einmal vorstellen können. Das würde auch erklären, wie sie auf einem Planeten leben könnten, der uns Dreidimensionalen als unbewohnbar erscheinen mag, da er lange Zeit fernab der Sonne in kosmischer Nacht und Kälte verbringt.

Könnte Nibiru unser Mond sein?

Wenn wir nun auch die Möglichkeit in Betracht ziehen, dass diese »Götter« die Raumreise beherrschten, wäre es als weitere alternative Deutung der Beschreibungen Nibirus durchaus denkbar, ihn als eine Art *Raumstation* zu verstehen, frei im Weltraum schwebend (dem »Meer« der Tiamat) und groß genug, um als »Stern« angesehen zu werden, der als Grenzposten den Übergang zwischen der Erde und dem außerirdischen Raum überwacht. Eine Art Todesstern, wie wir ihn aus *Star Wars* kennen. Oder ist Nibiru eher eine Basis auf dem Mond?

Vielleicht ist Nibiru ja sogar selbst unser Mond? Es gibt eine Theorie, dass der Mond in Wahrheit ein gewaltiges Raumschiff sein könnte. Sie wurde 1978 von den russischen Wissenschaftlern Michael Vasin und Alexander Shcherbakov vorgelegt [17]. Demnach könnte der Mond ein ausgehöhlter Planetoid sein, was einige Merkwürdigkeiten unseres Satelliten erklären würde. Eine derartige Hypothese würde eigentlich gut zur knappen Beschreibung in *Enuma Elish* passen, jedoch muss man dann eine andere Erklärung für die Zertrümmerung von Phaeton suchen.

Aber es könnte ja *beides* geben – eine anunnakische Anwesenheit sowohl auf (oder vielleicht in) dem Mond *als auch* auf einem »Planeten X«. Es gibt heute zunehmend Hinweise darauf, dass tatsächlich ein solcher Planet existiert, selbst wenn es schwer ist, die Spreu vom Weizen zu trennen. Was in *Enuma Elish* über Nibiru steht, könnte schon – und eher – zum Mond passen, und »Planet X« wird darin vielleicht einfach nicht erwähnt. Dieser hypothetische Planet lässt sich schwerer mit den knappen Informationen in *Enuma Elish* in Verbindung bringen.

Es ist allerdings die Rede davon, das »Meer« (Tiamat) zu durchschreiten, und zwar durch die »Mitte Tiamats«, wie oben nachzulesen ist. Das »Meer« dürfte der Weltraum in unserem Sonnensystem sein, und bei der »Mitte Tiamats« denkt man sofort an den Asteroidengürtel und den Bereich in der Mitte unseres Planetensystems, der aus einem mit Tiamat verbundenen Planeten entstand. Hat der Durchgang zwischen oben und unten, eben durch »die Mitte Tiamats«, mit dem Durchtritt durch diesen Raum zu tun, etwa von uns zu »Planet X« oder umgekehrt? Das würde dann schon für das alternative Verständnis von Nibiru als Jupiter (der Planet Marduks) sprechen, der sich gewissermaßen als »Wächter« in der Nähe jenes Raumes befindet.

Von verschiedenen Seiten her betrachtet gibt es unterschiedliche Möglichkeiten, aber für mein Gefühl sind Nibiru und der »Planet X« *nicht* identisch, was freilich nicht ausschließt, dass es Letzteren ebenfalls gibt. Es gibt vermutlich beide, aber damit auch eine Identifikationsverwirrung. Anscheinend war Sitchin der Erste, der die beiden in einen Zusammenhang brachte.

Mehr über die Erschaffung des Menschen

Es zeichnen sich *zwei* Arten von Menschenschöpfung ab. Zunächst sprechen sumerische Quellen von einem »Hervorsprießen« von Menschen, wie Pflanzen aus der Erde, und zwar an einem bestimmten Ort namens Uzumúa (»[Ort,] der das Fleisch wachsen lässt«) [18] (S. 30ff.). Dort entstanden eher Tiermenschen als richtige Menschen. Sie verstanden es weder, Brot zu essen, noch Kleidung zu tragen, gingen auf Händen und Füßen und fraßen Gras wie die Schafe. In einem anderen Mythos steht jedoch, dass man an jenem Ort aus dem Blut erschlagener »Götter« Menschen hervorsprießen ließ, wodurch zwei Schöpfungsarten sich verbinden. So kamen die

Menschen aus dem Tiermenschen-Zustand heraus und wurden durch Eingabe von Odem, das heißt Beseelung, zu »echten Menschen«, die dann Landwirtschaft betrieben.

Die *zweite* Art der Menschenschöpfung, die Sitchin für einen *genetischen Eingriff* der »Götter« hält, wird nachfolgend ausführlicher dargestellt.

Im Text *Atra-Hasis* [19] wird erzählt, dass die »Götter« wie Menschen schwer arbeiten mussten, und zwar jene Gruppe, die Igigi genannt wird. Nach 40 Jahren rebellierten sie, setzten ihre Arbeitsgeräte in Brand, drangen zu Enlil hervor und bedrängten ihn mit Kriegsdrohungen. Die ihnen auferlegte Arbeit sei ihnen zu schwer, und sie wollten nun mit Enlil abrechnen. Enki schlug vor, einen Arbeiter »herzustellen«, einen Menschen, der das Joch tragen sollte. Eine »Geburtsgöttin« sollte dies tun: Belet-Ili (auch Mami, Nintu oder Ninmah genannt, s.o.). Sie vermengte »Lehm« mit dem Blut und Fleisch eines erschlagenen »Gottes«. Vierzehn ausgewählte »Göttinnen« sollten Teile dieses Gemenges austragen, sieben davon hatten männliche und sieben weibliche Anlagen. Nach zehn Monaten wurden die Kinder geboren. Sie wurden die ersten Arbeitsmenschen und *lullu* genannt. Sie sollten sich dann im Weiteren durch körperliche Vereinigung von Mann und Frau vermehren. Diese zum Sklaventum »erschaffenen« Menschen wurden wegen ihrer Kopfbehaarung auch »Schwarzhaarige« genannt.

Was hat es eigentlich mit dem »Lehm« auf sich? Er wird von »oben in *abzu*« geholt [19]. Hier wird *abzu* auf Enkis Tempel hinweisen, wo »heiliges Wasser« aufbewahrt wurde [20], und es wird sich wahrscheinlich um eine Art Substrat für einen Vorgang handeln, der genetischer Natur ist. Blut und Fleisch enthalten ja Gene, auch wenn sie von einem Anunnaku[6] sind.

Der Vorgang war nicht sofort erfolgreich, es entstanden erst unfertige Menschen. Im Text *Enki und Ninmah* [21] wird berichtet, dass sie verschiedene behindernde Gebrechen hatten. In Vorversuchen entstand ein Mann, der seine Arme nicht gebrauchten konnte, dann einer, der die Augen nichts schließen konnte, einer mit gelähmten Füßen, ein inkontinenter Mann, eine unfruchtbare Frau und ein geschlechtsloses Geschöpf. Die »Geburtsgöttin« war enttäuscht. Enki griff dann ein und empfahl, das Ejakulat eines Mannes in den Mutterleib einer Frau zu gießen. Wieder entstand ein unfertiger Mensch. Was danach geschah, wird auf etwa zehn fehlenden Zeilen der Tafel gestanden haben. Aber schließlich war doch der Arbeitsmensch da.

Worin bestand die Arbeit der Igigi und später der Menschen? In *Atra-Hasis* wird erwähnt, dass sie Bewässerungskanäle gruben, nämlich die Flüsse Euphrat und Tigris und weitere Kanäle, sowie nach Wasserquellen. Das, was sie ausgruben, häuften sie zu Bergen an. Sitchin behauptet, dass sie auch nach Gold gruben, denn um auf ihrem eigenen Planeten die Wärmeabstrahlung zu verringern, wollten sie Goldstaub in der Atmosphäre verbreiten – fast wie ein Thermosflascheneffekt –, weil nach Sitchins Hypothese Nibiru auskühlt, wenn er sich Jahrtausende lang in großer Entfernung von der Sonne befindet. Es gibt auch eine Vermutung, dass Gold für sie eine Art Lebenselixier war, selbst wenn es für sie nicht die Bedeutung von Reichtum hatte wie bei uns.

6 Da das Wort Anunnaki ein Göttervolk bezeichnet und somit sinngemäß mehrzahlig ist, verwende ich »Anunnaku« als *vereinfachte* Einzahlform. Vgl. Fußnote 7.

Michael Tellinger schreibt in seinem Buch *Die Sklavenrasse der Götter* [22] ebenfalls, dass es den Anunnaki im Wesentlichen darum ging, kostbare Metalle – besonders Gold – von der Erde zu holen. Er bezieht sich für mein Gefühl allerdings ein bisschen zu unkritisch auf Sitchin, wenn auch ergänzt durch eigene Forschungen. (Er nimmt Sitchins offensichtlich erfundenes Werk *Das verschollene Buch ENKI* [15] bemerkenswert ernst ...) So hat er in Südafrika eine unglaubliche Menge Ruinen entdeckt und untersucht, die Siedlungen der Anunnaki gewesen sein könnten und in denen höchstwahrscheinlich Gold gefördert wurde [23]. Auch beispielsweise in Zimbabwe gibt es rätselhafte Ruinen und Goldminen vorhistorischen Ursprungs [24].

Die Sintflut

Im akkadischen Sintflutmythos *Athra-Hasis* wird von einer üblen Tat Enlils berichtet. Er mochte die Menschen nicht, sie waren ihm »zu viel und laut« geworden, und so befahl er, Krankheiten unter die Menschen zu bringen und Dürre, um ihre Zahl zu verringern. Da dies nicht genügte, plante er eine Sintflut, um sie auszulöschen. Es wurde Enki verboten, das den Menschen mitzuteilen und sie zu warnen. Er übertrat das Verbot mit einem Trick.

Er sprach zu einer Schilfwand, aber mit Absicht so, dass es von Atra-Hasis mitgehört wurde: »Entfliehe dem Haus, baue ein Schiff, lasse Eigentum zurück und rette das Leben.« Er beschrieb, wie das Schiff beschaffen sein sollte. Anschließend sprach Atra-Hasis zum Ältestenrat: »Mein Gott ist nicht mit eurem Gott einverstanden. Enki und Enlil sind dauernd in Streit und haben mich vom Lande verwiesen. Da ich immer Enki verehrt habe, kann ich nicht in eurer Stadt leben und auch nicht mehr meinen Fuß auf Enlils Boden setzen.«

Das Schiff wurde gebaut. Verschiedene Tiere (scheinbar allerdings »geschlachtet« – ihre DNS in einer Genbank aufbewahrt?) und seine Familie wurden an Bord gebracht. Sein Herz war gebrochen, und er erbrach Galle. Das Wetter änderte sich, der Sturmgott Adad fing an in den Wolken zu brüllen, und es regnete maßlos. Atra-Hasis versiegelte die Tür mit Pech. Es kam eine riesige Flut. Die Menschen konnten in der Katastrophe einander nicht erkennen. Es wurde ganz finster, und man sah die Sonne nicht mehr. Nach sieben Tagen konnte man endlich wieder an Land gehen, und Atra-Hasis brachte den »Göttern« ein Opfer dar.

Die »Götter« wurden hungrig, denn es gab keine Farmer mehr und es wurden keine Opfer mehr dargebracht. Die große Muttergöttin beklagte sich bitter über Enlils und Anus unfähige Entscheidungen und die Massen von Toten in den Flüssen. Enki gab zu, Menschen zum Überleben verholfen zu haben, und überredete Enlil zu einem besseren Plan.

Als sie erfuhren, dass Atra-Hasis entkommen war, schmiedeten Enki und Nintu einen Plan, um sicherzustellen, dass der Lärm der Menschen sich in Grenzen halte. Es wurde der Tod verlangt – und um das Bevölkerungswachstum einzuschränken, sollten Kinder sterben, Tabus wurden erlassen, die das Zölibat feierten. Ein weiblicher Dämon namens Pasittu sollte Kinder aus dem Schoß der Gebärerin entwenden. Ein Drittel der Frauen sollte nicht erfolgreich gebären, da man ihren Geburtskanal verengte. Viele Frauen sollten fortan ein klösterliches Leben führen [19,25]. Pasittu scheint auch Lamashtu genannt worden zu sein, die eine Ähnlichkeit mit Lilith in der hebräischen Mythologie hat, welche neugeborene Kinder umbringt (s.u.).

Athra-Hasis wird in einem ähnlichen aber kürzeren sumerischen Sintflutmythos Ziusudra genannt. Im berühmten *Gilgamesch-Epos* wird Ähnliches erzählt, aber da heißt er Utnapishtim. Hierin steht auch eine Geschichte über eine andere Bosheit Enlils. Er hatte einen Riesen namens Humbaba »erschaffen«, der über einen großen Zedernwald herrschte und mit der Bosheit im Lande zu tun hatte, und Gilgamesch wollte ihn bekämpfen. Ihm und seinem guten Freund Enkidu gelang es auch, den Riesen zu töten und das Volk von seinem bösen Einfluss zu erlösen. Danach beschloss Enlil, dass zur Strafe einer der beiden sterben sollte, obwohl Enlil den Kampf intrigant selbst veranlasst hatte – wohl in der Hoffnung, dass Gilgamesch sterben würde. Enkidu wurde krank und starb, und Gilgamesch trauerte sehr [26].

Es wird im Epos über Enlils Wut berichtet, als er erfuhr, dass Menschen die Flut überlebt hatten: »Ist ein einziger dieser Sterblichen entkommen? Niemand sollte die Zerstörung überleben.« Enki sprach dann zu ihm: »Held Enlil, du Weisester unter den Göttern, wie konntest du so sinnlos die Flut kommen lassen?«

Der sumerische »Baum der Erkenntnis«

Parks deutet in seinen Übersetzungen aus dem Sumerischen den »Baum der Erkenntnis« und seine Früchte als bestimmte

Werkzeuge, weil das sumerische Wort *gish*, hier als Baum übersetzt, auch »Werkzeug« bedeuten kann (S. 146). Ein Messer oder eine Axt beispielsweise hat einen hölzernen Griff, wie ein Stück Baum (Ast) mit einem Stück Metall als »Frucht« ... angeblich eine Art Wortspiel mit zwei sehr ähnlichen sumerischen Worten: *búru* (Werkzeug, Plünderung) und *buru* (Frucht eines Baums). Jedoch erscheint die Assoziation vom »Baum« (und seinen Früchten) mit metallenen Werkzeugen wirklich weit hergeholt!

Enki lehrte seiner Meinung nach die Menschen auch den Umgang mit dem »Meißel«, was die »Götter« sehr beunruhigte, da ein solcher auch als Waffe gebraucht werden konnte. Die »Götter« beschwerten sich darüber, dass Menschen durch Enki an ihrem Schicksal Freude hatten und einen Geschmack für »Luxus« entwickelten (S. 147-149). Dadurch verbesserte sich jedes Mal ihr Schicksal, wenn Enki sie etwas Neues lehrte, wobei es für den größten Verrat gehalten wurde, ihnen den Gebrauch von Metallen beizubringen.

Weitere von Parks übersetzte Texte mögen zwar die Idee stützen, dass Metallurgie in den Händen von Menschen den »Göttern« beträchtliche Sorge bereitete. Das wird aber meines Erachtens in einem viel weiteren Zusammenhang gelten müssen als nur in Bezug auf ein Messer oder eine Axt, besonders hinsichtlich des »Baums der Erkenntnis«, Parks zufolge der »Baum des Eindringens« ...

Vergleiche mit anderen Übersetzungen deuten überdies an, dass die Übersetzung »Metall« nicht ohne Alternative ist [27]. Keine andere Übersetzung der Texte mag diese Deutung stützen. Und da es mir in diesem Fall in der Parksschen Überlegung an Logik fehlt, halte ich es für eine Verirrung, das »Geheimnis der Götter« als das Wissen von Metallurgie aufzufassen.

Der Baum der *Weisheit*

Parks' Buch [3] enthält auf Seite 191 einen bemerkenswerten Irrtum, wenn er behauptet, dass der »Baum der Erkenntnis« in der Bibel *'etz jad'a* genannt werde. Im hebräischen Urtext in 1Mos steht in Wahrheit *'etz ha-da'at*. Die unstrittige Bedeutung dessen ist *Baum der Weisheit*. Das Wort *jad'a* würde hier zwar zu Parks' alternativer Deutung der sumerischen Texte á la beispielsweise »Baum des Eindringens« passen, da er sie ja mit einem »eindringenden Werkzeug« wie etwa »Messer« assoziiert. Und wirklich hat das Wort im Wesentlichen zwei Bedeutungen: 1. Erkenntnis und 2. sexuelle Vereinigung (Eindringen) – vgl. 1Mos 4,1: »Und Adam erkannte (*jad'a*) sein Weib Eva, und sie ward schwanger und gebar den Kain.«

Aber dieses Wort wird in der Bibel nun mal gar nicht verwendet! Es gibt dort keinen *'etz jad'a*. Verwendet wird *da'at*, und das hat *nicht* die alternative Bedeutung von »sexueller Vereinigung« oder sonst einer »eindringenden« Handlung – außer etwa »Eindringen« in verbotenes Wissen … Es ist seit alters her eine politisch nützliche Wunschvorstellung, diesen Baum mit »verbotener« Sexualität zu verbinden, aber *da'at* bietet diese Deutung einfach nicht an.

Mit Blick auf die Bibel können wir deshalb nur schlussfolgern, dass Jahweh das Streben nach *Weisheit* verboten hat. Man sollte nicht zu viel wissen, erst recht nicht irgendwelche Geheimnisse kennen. Und wie sieht es bei den mesopotamischen

Tontafeln aus? Dort deuten einige Texte tatsächlich an, dass Enki Adam und Eva lehrte, wie man sich fortpflanzt – allerdings ist nirgends die Rede von einem Verbot! Und erst recht nicht im Zusammenhang mit einem Baum. (Wir werden dieses Thema weiter unten noch einmal aufgegriffen.)

Es mag dazu passen, dass Enki auch als Gott der Weisheit bezeichnet wird. Geht es hier vielleicht um das Verbot, sich mit ihm zu befassen oder einzulassen?

Wie sehen die Anunnaki aus und wie lange leben sie?

Es ist heutzutage eine weit verbreitete Meinung, dass es sich bei den Anunnaki um Reptilien handelt. Eine erhebliche Anzahl von Bildern und kleineren Skulpturen aus dem mesopotamischen Raum zeigt (wie manche altägyptische Darstellungen auch) menschlich erscheinende Gestalten mit Tierköpfen [28], darunter auch solche, die man mit etwas Fantasie als reptilisch auffassen könnte. Einige Gestalten werden mit Flügeln dargestellt. Ein Bild aus einem Museum in Bagdad [29] könnte außerdem sogar eine Figur mit Schuppen darstellen. Eine Gruppe von »Göttern«, die vier Apkallu [30], werden als Amphibienwesen mit Fischkörper beschrieben. Ein Babylonier namens Berossos verfasste nahezu drei Jahrhunderte v. Chr. auf Griechisch eine Geschichte der Babylonier, in der er von einem »Gott« Oannes berichtet, der einen Fischkörper mit menschlichen Beinen und Füßen habe, Menschen unterrichtete und sie vieles lehrte. [31].

Die Frage, wie alt diese Wesen werden könnten, wirft ein archäologisches Problem auf, das echtes Kopfzerbrechen bereitet! [32] Es gibt eine Keilschrift mit einer Liste der sumerischen Könige, deren Regierungszeiten in der Zeiteinheit *shar* angegeben sind. [33] Der Erste in der Liste, Alulim, regierte 8 *shar*s (oder *sharshar*)[7] lang. Ein *shar* soll angeblich 3.600 Jahre betragen, was bedeutet, dass dieser König 28.800 Jahre lang regiert hätte. Und am längsten regierte En-men-lu-ana, nämlich ganze 12 *shar*s oder 43.200 Jahre! Kann das wirklich sein?

Es scheint, dass die Gleichsetzung von *shar* mit 3.600 Jahren auf Berossos [31] zurückgeht, der in dem Fall eher undifferenziert diese Deutung aus uns nicht mehr bekannten, viel älteren Quellen übernahm. Sie ist in Fachkreisen denn auch sehr umstritten. Allerdings wird das Wort *shar* auf den Tontafeln in *diesem Zusammenhang* meistens durch einen vollen Kreis ● (eventuell auch mit einem leeren Kreis ○) dargestellt (in anderen Zusammenhängen anders), was einen *Umlauf* oder *Zyklus* versinnbildlichen könnte – von vielen aber einfach als *Welt*, *Ball* oder *Ganzheit* gedeutet wird. Bleiben wir bei der Vorstellung vom *Umlauf*. Ist ein *shar* vielleicht schlicht die Umlaufdauer des Heimatplaneten der Anunnaki um unsere Sonne? So wird es von Sitchin und anderen aufgefasst. Ein Erdjahr kann es jedenfalls nicht definieren, dann hätten alle diese Könige nur kurz regiert. Da wäre es schon plausibler, den Jupiter zu bemühen, der auch Marduks Planet genannt wird und eine Umlaufzeit von 12 Jahren hat.

---

7 Im Sumerischen wird die Mehrzahl von Sachen und Begriffen durch Verdoppelung angezeigt und bei Menschen durch die Endung *-ene*. Gruppen von Menschen stehen ohne besondere Markierung automatisch in der Mehrzahl. Ich verwende hier die englische Mehrzahlendung, wie in der internationalen Literatur üblich.

Eicht dieser die Zeiteinheit *shar*? Dann hätte Alulims Herrschaft 96 Jahre gewährt, was erheblich plausibler ist. Es ist außerdem vorgeschlagen worden, dass ein *shar* 3.600 *Tage* umfassen könnte, also knapp 10 Jahre. Diese Spekulation erscheint mir aber etwas weit hergeholt, obwohl vernünftigere Zeiträume herauskämen.

Eine weitere Erklärung bietet die *Suidas* an, eine griechische Enzyklopädie aus dem 10. Jahrhundert mit unbekanntem Verfasser. Ihr zufolge war ein *shar* für die Chaldäer der Zeitraum von 222 Mondmonaten, umgerechnet 18,5 Jahre [34]. Ein Mondmonat (synodischer Monat) ist die Zeit zwischen zwei Vollmonden (beziehungsweise Neumonden), und 222 Mondmonate sind die Zeit zwischen zwei Mondfinsternissen. Ein solcher Zyklus könnte möglicherweise zu der Vorstellung passen, dass Nibiru in Wahrheit unser Mond ist (s.o.). Daraus ergäben sich auch plausible Regierungszeiten. (In einer mathematisch dilettantischen Überlegung rechnet hingegen Harrison im Kreise und kommt zu den ursprünglichen Werten in *shar*s zurück ... [35]).

Jedoch ist das *shar* nicht nur ein Zeitmaß, sondern wird noch in anderen Zusammenhängen verwendet, wo es als Maßeinheit vollkommen unterschiedliche Zahlenwerte aufweist.[8] Deshalb könnte es sehr wohl auch als *Zeitmaß* ganz anders aufzufassen sein. Wurde die Bedeutung des Zahlen-

---

8 Flächengeometrisch kann ein *s(h)ar* 12 × 12 *kush* = ca. 36 m² oder auch 6 *buru* = 388,8 ha sein. Raumgeometrisch ist ein Flächen-*s(h)ar* mal 1 (sumerische) Elle = ca. 18 m³. Als bautechnisches Maß entspricht es 1.200 Ziegelsteinen. Siehe u.a. Nissen et al. *Archaic Bookkeeping*, University of Chicago Press, Chicago 1993, S. 28-29, und *Reallexikon der Assyriologie*, Bd. 7. Walter de Gruyter, Berlin 1987-90. S. 457-517. Nur als *reine Zahl* ist ein *shar* $60^2 = 3600$.

wertes nachträglich und willkürlich gesetzt – von wem auch immer? Dann bliebe zumindest die Vorstellung von einem *Zyklus* durchaus sinnvoll, da der Begriff im Rahmen der Schriftzeichen eine verständliche Deutungshypothese zulässt. Es bleibt nur die Frage offen, um was für einen Zyklus es hier geht. Ich finde die Hypothese von Mondmonaten plausibel.

Mit dieser Frage verbunden ist auch, dass das Zahlensystem in Mesopotamien auf der 60 beruhte. Unser Zahlensystem beruht auf 2 x 5 = 10, weil wir an zwei Händen fünf Finger haben. Auch die Mesopotamier zählten ihre Finger ab [36], aber bezogen auf fünf Finger wird dieses System etwas kompliziert. Mit sechs Fingern wäre es einfacher und würde ganz natürlich zu einem 60er-System führen. Haben die Anunnaki etwa sechs Finger? In der Bibel werden Riesen mit sechs Fingern erwähnt (2 Samuel 21,20). Und es gibt auch heute noch Menschen auf der Erde, die genetisch bedingt mit sechs Fingern oder sechs Zehen geboren werden, manchmal auch mit beidem [37]. Spekulative Frage: Könnte das auf DNS-Überreste der Anunnaki zurückgehen?

Und noch eine Überlegung: Vielleicht waren die Könige des alten Mesopotamien selbst ja gar keine Anunnaki, sondern nur von ihnen eingesetzt? Einige esoterische Quellen behaupten, dass ein Anunnaku bis zu 1.000 Jahre alt werden könne und mithilfe besonderer lebensverlängernder Maßnahmen (die wohl einzig der Elite vorbehalten sind) sogar bis zu 10.000 Jahre. Wenn wir diese Annahme ernst nehmen, könnten Enki und Enlil heute noch unter uns sein. Und selbst wenn nicht, werden sie doch immer noch existieren – so wie die Seele eines Menschen nach dem Tod.

Wie ernähren sich die Anunnaki?

Wir erwähnten bereits, dass das Universum mehrdimensional ist, und gehen davon aus, dass die Anunnaki es ebenfalls sind. Mit uns Menschen verhält es sich genauso, nur wissen die meisten von uns nicht, dass wir in einem mehrdimensionalen Universum leben, weil unsere Wahrnehmungsorgane »verkrüppelt« sind und in der Regel nur noch drei Dimensionen erfassen. Das dürfte bei den Anunnaki ganz anders sein. Dadurch haben sie einen bewussten Zugang zu Energien von Dimensionen her, die uns verborgen sind, und können sich davon ernähren.

Doch auf der Erde bietet sich ihnen noch eine Möglichkeit ...

Wenn ein Erdenmensch stirbt und seine Seele den Körper verlässt, werden auch Lebensenergien freigesetzt. Diese Energien können Wesen mit einem mehrdimensionalen Bewusstsein – körperlose [38] sowie verkörperte Außerirdische – wahrnehmen. Manchen von ihnen dienen sie als Nahrung. Sich auf diese Weise zu ernähren, gelingt ihnen besser bei Menschen, die eines gewaltsamen Todes sterben, weil der Körper dann im Moment des Todes noch energetisch »voll geladen« ist. Wer alt und schwach oder auch krank ist und dahinsiecht, hat im Sterbeprozess kaum noch Lebensenergien. Seine »Batterien sind leer«. Das ist für vampirische Wesen uninteressant.

Und es gibt noch eine ganz besonders perfide Variante: Wir Menschen setzen außerdem bei sehr starken Gefühlen entsprechende Energien frei, besonders bei intensiven negativen Emotionen wie Wut, Angst oder Panik. Auch von diesen Energien können sie sich ernähren.

So wie eine Pflanze durch Düngung gedeiht, gedeihen solche Wesen durch unseren »emotionalen Kot«.

Wie halten es positive Wesenheiten? Sie ernähren sich direkt von der göttlichen Urenergie des Urschöpfers, welche die Urquelle aller Ernährung ist. Wer sich jedoch, wie die Anunnaki, vom Urschöpfer abgetrennt hat, kann das nicht mehr direkt tun, sondern nur noch über die Lebensenergie anderer Lebewesen, die einen besseren Zugang zur Lichtenergie haben. Und den haben *wir Menschen*, da wir uns entweder von Pflanzen ernähren, die Sonnenlicht aufgenommen und diese Energie mit aus der Erde aufgenommenen Substanzen zu Nahrungssubstanzen verbunden haben. Oder wir ernähren uns indirekter von Tieren, die sich wiederum von Pflanzen ernährt haben, so dass wir uns auf Umwegen mit Lichtenergie versehen. Und vampirische Wesen? Ganz einfach, sie können sich *über uns* auf Umwegen indirekt durch Lichtenergie ernähren.

Es ist deshalb nicht verwunderlich, dass Wesen wie die Anunnaki Gewalt unter den Menschen säen wollen. Sie schüren Mord und Totschlag, wo sie nur können, und gelangen dadurch an freigesetzte Lebensenergie. Für sie sind wir wie »Zuchtvieh«. Das erklärt auch die Bedeutung von Tier- oder gar Menschenopfern in unseren Traditionen. An Kadavern haben die »Götter« sicher keine große Freude, um so mehr aber an Lebensenergien, die mit dem herausfließenden Blut frei werden, denn Blut ist ein »ganz besonderer Saft« (Goethe: *Faust I*) und Träger von Lebensenergie. Das ermöglicht ihnen die oben erwähnten lebensverlängernden Maßnahmen. Wenn das Opfer leidet, kommt noch die Freisetzung emotionaler Energien hinzu …

Im *Gilgamesch-Epos* wird berichtet, dass Utnapishtim am Ende der Flut eine Opferung darbrachte, und »Als die Götter den süßen Duft rochen, versammelten sie sich wie Fliegen über der Opferung«. Eine Szene, die mehr als tausend Worte sagt.

Im Übrigen erklärt dies auch das Blutverbot. In vielen Religionen sollen Menschen kein Blut verzehren (3Mos 3,17 und 7,27). Tiere sollen geschächtet werden (Shechita, von hebr. *shachaṭ* »schlachten«), und ihr Blut soll auslaufen, bevor der Mensch ihr Fleisch isst (vgl. [39]).

Ist es nicht wahrhaft faszinierend? Das Blut ist für die »Götter« und das Fleisch für die Menschen.

Referenzen

1. *Das Enuma Elish*: http://www.welt-erschafft.de/ori_enuma_elish.html. Deutschsprachige Übersetzungen im Internet sind sonst größtenteils unvollständig, aber es finden sich dort viele Übersetzungen ins Englische.
2. Jan Erik Sigdell: *Es begann in Babylon*, Holistika, Meckenheim 2008.
3. Anton Parks: *Eden, la Vérité sur nos Origines*, Éditions Nouvelle Terre, L'Operec 2011.
4. Parks' Text *The Ages of Uraš*: http://www.zeitlin.net/EndEnchantment/AG2.html. Parks verweist darin auf das Buch *Babylonian Liturgies* von Stephen Langdon, Librairie Paul Geuthner, Paris 1913, wo ich die angeblichen Worte »[Enlil], whom the father who has engendered you, Enki, (and) Ninki, send you a prayer in my favor« nirgends finden kann. Das Buch ist als PDF-Datei erhältlich, so dass man darin leicht nach einzelnen Worten suchen kann: https://archive.org/download/babylonianliturg00langrich/babylonianliturg00langrich_bw.pdf sowie http://www.etana.org/sites/default/files/coretexts/20332.pdf. Auf S. 113 steht Zeile 12 übersetzt (ohne Angabe davon, an wen sich die Worte richten): »May the father, thy begetter, lord and mistress of the earth, intercession (utter)«, worauf Zeile 13 *unübersetzt* folgt, in der ich aber mithilfe eines Lexikons die Worte als »Vater, Erzeuger, Enki, Ninki, Segen« deuten würde, worauf Zeile 14 folgt: »May thy beloved spouse, the great mother Ninlil, a prayer

(utter).« Die entsprechende Keilschrifttafel K5157 ist im Buch abgebildet (Tafel LXXII), aber es wird sich hier wohl um Parks' eigene Übersetzung des sumerischen Textes handeln, da sie nur mühsam mit Langdons Text in Einklang zu bringen ist. Hier liegt also eine weitere bemerkenswerte *Unklarheit* bei Parks vor … (vgl. auch seine Texte auf http://www.zeitlin.net/EndEnchantment/Secrets.html).

5. *Enki's Journey to Nibiru*: http://etcsl.orinst.ox.ac.uk/cgi-bin/etcsl.cgi?text=t.1.1.4#
6. Neben vielen im Internet gefundenen Übersetzungen u.a. auch: Alexander Heidel: *The Babylonian Genesis*, The University of Chicago Press, Chicago 1967 (Neudruck); *Ancient Near Eastern Texts Relating to the Old Testament*, hrsg. v. James B. Pritchard, 3. Ausg., Princeton University Press, Princeton NJ, 1969; Erich Ebeling: *Die siebente Tafel des akkadischen Weltschöpfungsliedes* Enuma Eliš, Mitteilungen der Altorientalischen Gesellschaft Bd. 12, Heft 4, Zeller, Osnabrück 1972; Philippe Talon: *Enuma Eliš*, State Archive of Assyria Cuneiform Texts, Vol. IV, The Neo-Assyrian Text Corpus Project, University of Helsinki, 2005 (in Französisch); *Das babylonische Weltschöpfungsepos* Enuma eliš, hrsg. v. Thomas R. Kämmerer und Kai A. Metzler, Ugarit-Verlag, Münster 2012; Wilfred George Lambert: *Babylonian Creation Myths*, Eisenbrauns, Winona Lake IN, 2013.
7. Wolfram von Soden: »Neue Bruchstücke zur sechsten und siebenten Tafel des Weltschöpfungsepos Enuma eliš«, *Zeitschrift für Assyriologie*, Bd. 47 (neue Folge Bd. 13), Walter de Gruyter, Berlin 1942, S. 1-26.
8. Zecharia Sitchin: *Der zwölfte Planet*, Kopp, Rottenburg a. N. 2003. (Originalausgabe: *The 12th Planet*, Avon, New York NY, 1978.)
9. Zecharia Sitchin: *Die Kriege der Menschen und Götter*, Kopp, Rottenburg a. N. 2004. (Originalausgabe: *The Wars of Gods and Men*, Avon, New York NY, 1985.)
10. https://en.wikipedia.org/wiki/Planets_beyond_Neptune (ausführlicher), vgl. https://de.wikipedia.org/wiki/Transpluto
11. https://de.wikipedia.org/wiki/Nemesis_%28Stern%29
12. https://de.wikipedia.org/wiki/Tyche_%28Planet%29
13. http://rationalwiki.org/wiki/Hercolubus
14. *Gesenius' Hebrew and Chaldee Lexicon*, hrsg. v. Samuel Prideaux Tregelles, Eerdmans, Grand Rapids (MN), o. J. (Vorwort datiert 1846).

15. Zecharia Sitchin: *Das verschollene Buch ENKI*, Kopp, Rottenburg a. N. 2006. (Originalausgabe: *The Lost Book of Enki*, Bear & Co, Rochester VT, 2002.)
16. http://onnouscachetout-la-suite.centerblog.net/23-eden-anton-parks-desinformation und http://www.onnouscachetout-la-suite.com/t321-Eden-d-Anton-Parks-d-sinformation.htm
17. *Spaceship Moon Theory*: https://en.wikipedia.org/wiki/Spaceship_Moon_Theory und https://ancientaliens.wordpress.com/2011/09/04/spaceship-moon-theory/ sowie Don Wilson: *Secrets of our Spaceship Moon*, Sphere, London 1980.
18. Giovanni Pettinato: *Das altorientalische Menschenbild und die sumerischen und akkadischen Schöpfungsmythen*, Carl Winter Universitätsverlag, Heidelberg 1971.
19. Wilfred George Lambert & Alan Ralph Millard: *Atra-Hasis. The Babylonian Story of the Flood*, Clarendon Press, Oxford 1969. Auch http://earth-history.com/sumer/clay-tablets-from-sumer-babylon-and-assyria/2604-atrahasis.
20. https://en.wikipedia.org/wiki/Abzu
21. *And Ninmah*: http://etcsl.orinst.ox.ac.uk/section1/tr112.htm
22. Michael Tellinger: *Die Sklavenrasse der Götter*, Kopp, Rottenburg a. N. 2015. (Originalausgabe: *Slave Species of the Gods*, Bear & Co, Rochester VT, 2012.)
23. http://www.michaeltellinger.com/stone-circles.php
24. *Riddle of Great Zimbabwe*: http://archive.archaeology.org/9807/abstracts/africa.html
25. *The Story of Atrahasis*: http://faculty.gvsu.edu/websterm/Atrahasi.htm
26. Alexander Heidel: *The Gilgamesh Epic and the Old Testament Parallels*, The University of Chicago Press, Chicago ILL, 1949, sowie *The Epic of Gilgamesh*, Assyrian International News Agency, Books Online: http://www.aina.org/books/eog/eog.pdf
27. u.a. George A. Barton: *Miscellaneous Babylonian Inscriptions*, Yale University Press, 1918
28. https://www.google.com/search?q=crocodile+anunnaki&hl=en&biw=1920&bih=854&tbm=isch&tbo=u&source=univ&sa=X&ei=IEM-VIGdHdbsaMmNgOAL&ved=0CDkQsAQ und https://www.google.com/search?q=crocodile+anunnaki&hl=en&biw=192

0&bih=854&tbm=isch&tbo=u&source=univ&sa=X&ei=IEM-VIGdHdbsaMmNgOAL&ved=0CEYQ7Ak

29. http://www.utaot.com/wp-content/uploads/2014/02/0000IRAQA LIENS11.jpg
30. https://en.wikipedia.org/wiki/Apkallu, http://www.mesopotamia.co.uk/gods/explore/apkfish.html und https://en.wikipedia.org/wiki/File:Dagon_2.jpg
31. Paul Schnabel: *Berossos und die babylonisch-hellenistische Literatur*, B. G. Teubner, Leipzig und Berlin 1923.
32. http://www.ancient-origins.net/myths-legends-asia/sumerian-king-list-still-puzzles-historians-after-more-century-research-001287
33. https://en.wikipedia.org/wiki/Sumerian_King_List
34. *The Two Values Of The Saros*: http://custance.org/Library/SOTW/APPENDIXES/APP_II_VI.html; vgl. *Suidae Lexicon, Græce & Latine,* 1705: https://archive.org/details/suidaelexicongr01suid, und Otto E. Neugebauer: *The Exact Sciences in Antiquity*, Acta Historica Scientiarum Naturalium et Medicinalium, Bd. 9, 2. Ausg., Kopenhagen 1957, Kap. 5.
35. R. K. Harrison: »Reinvestigating the Antediluvian Sumerian King List«, *Journal Of The Evangelical Theological Society*, Bd. 36, Nr. 1 (März 1993) S. 3-8, und http://www.etsjets.org/files/JETS-PDFs/36/36-1/JETS_36-1_003-008_Harrison.pdf.
36. http://www.mathematicsmagazine.com/Articles/TheSumerianMathematicalSystem.php, siehe auch https://en.wikipedia.org/wiki/Babylonian_mathematics und https://en.wikipedia.org/wiki/Sexagesimal
37. https://de.wikipedia.org/wiki/Polydaktylie. Siehe auch *Polydactylism in the Ancient World*: http://www.michaelsheiser.com/PaleoBabble/PolydactylismAncientWorld.pdf
38. Jan Erik Sigdell: *Unsichtbare Einflüsse*, AMRA Verlag, Hanau 2012; Nachdruck im Softcover (2019).
39. *Schlachten ohne Betäubung*: http://halal-produkte.eu/pdf/informa tionschaechten-20010924.pdf und *Information zum Thema rituelle Schlachtungen*: http://halal-produkte.eu/pdf/informationschaechten-20010924.pdf sowie Mordechai Benjamin: *Das Schächtfach*, Baumgärtner's Buchhandlung, Leipzig 1874, auch hier zu haben: http://sammlungen.ub.uni-frankfurt.de/download/pdf/409415?name=Das%20Sch%C3%A4chtfach.

Übereinstimmungen zwischen mesopotamischen Texten und der Bibel

Die mesopotamische Sintflutgeschichte erinnert derart an die biblische, dass es einen Zusammenhang geben muss. Jedenfalls gibt es sehr viele Übereinstimmungen.

Zunächst greife ich den Anfang der Bibel auf.

Der erste Satz in der Bibel

Der hebräische Text in 1Mos 1,1 lautet wie folgt: »*Bere'shit bara' 'elohim 'et hashamajim ve'et ha'aretz*«, meistens übersetzt als: »Am Anfang schuf Gott den Himmel und die Erde.« Die Elberfelder Bibel verwendet mit »die Himmel« völlig zu Recht die Mehrzahl des Originaltextes.

Ganz gleich, wie man es dreht und wendet, *'elohim* ist und bleibt die Mehrzahlform von *eloah* = Gott. Deshalb hat man auch versucht, den Satz als »… schufen die Götter …« zu verstehen, aber das passt grammatikalisch nicht, da das Verb *bara'* die Einzahlform hat. Erleichtert kehren die Theologen dann das Rätsel unter den Teppich und erklären diese Form einfach zum *Pluralis majestatis*. Diese grammatikalische Form kommt im Hebräischen zwar vor [1], aber es gibt eine andere Lösung des Problems, die vermutlich absichtlich übersehen wird. Und die möchte ich Ihnen hier einmal kurz darlegen.

Die konventionelle und »dogmatisch anerkannte« Übersetzung von *bere'shit* beruht auf *be* = »in, an« und *re'shit* = »Anfang«. Jedoch kann gemäß Wörterbüchern *re'shit* alternativ auch »der Erste (seiner Art)« bedeuten, und *be* kann auf den »Ursprung« hinweisen. Somit kann das Wort *bere'shit* als eine etwas tautologische Formulierung aufgefasst werden, die »der ursprüngliche Erste« oder »der Aller-Erste« bedeutet, also der *Urschöpfer.* Durch diese Dopplung einer gleichartigen Bedeutung passt es wie folgt auch grammatikalisch:

Der Erste schuf die Götter, die Himmel und die Erde, oder etwas freier auch:

Der Urschöpfer erschuf die Götter, die kosmischen Welten und die Erde.

Das hebräische Wort *shamajim* für »Himmel« steht nämlich ebenfalls in Mehrzahl und kann sinnvollerweise als »kosmische Welten« aufgefasst werden. Wer sind dann die »erschaffenen Götter«? In unserem Zusammenhang offensichtlich Bewohner anderer kosmischer Welten – Planeten oder Dimensionsbereiche – als die Erde, also *außerirdisches Leben* im Allgemeinen: die Anunnaki *und andere »Götter« da draußen* … Wie oben bereits erwähnt, haben in unserer hypothetischen Betrachtung der mesopotamischen Texte, die davon ausgeht, dass sie potenziell auf tatsächlichen Gegebenheiten beruhen, die Anunnaki einen *Teilbereich* der Schöpfung annektiert, und dann wird es auch andere Bereiche geben müssen.

Diese Deutung findet einen Beleg in der Tatsache, dass eine sonst etwas rätselhafte *Mehrzahl* an einigen Stellen in der Bibel vorkommt:

»Und Gott sprach: Lasset *uns* Menschen machen in *unserem* Bilde, *uns* ähnlich«, (1Mos 1,26),

»Und Gott der HERR sprach: Siehe, Adam ist geworden wie *unsereiner* und weiß, was gut und böse ist.« (1Mos 3,22).

An beiden Stellen steht im hebräischen Text *'Elohim*, an letzterer sogar *Jahweh 'Elohim*. Auf diese Wortverbindung komme ich weiter unten noch zurück. Letztere Bezeichnung des biblischen Gottes kommt nämlich oft vor und bietet eine weitere Stütze für diese Deutung.

Zahlreiche Stellen in der Bibel erwähnen »Götter«: »HERR, wer ist dir gleich unter den *Göttern*?« (2Mos 15,11), »Du sollst mit ihnen oder mit ihren *Göttern* keinen Bund machen … Denn wo du ihren *Göttern* dienst, wird dir's zum Fall geraten« (2Mos 23,32-33), »… denn der HERR hatte auch an ihren *Göttern* Gericht geübt« (4Mos 33,4 – wie könnte er das, wenn es sie nicht gäbe?) und an vielen anderen Stellen. Der Herr empört sich darüber, dass »Heiden« Kinder opfern: »… sogar ihre Söhne und ihre Töchter haben sie ihren *Göttern* mit Feuer verbrannt« (5Mos 12,31) – und was tut er dann? »Wenn der HERR, dein Gott, die Heiden vor dir her *ausrottet*, da, wo du hinkommst, sie zu *beerben*, und wenn du sie *beerbt* hast und in ihrem Lande wohnst …« (5Mos 12,29, nach Schlachter), das heißt, er sendet seine Heere, um sie zu töten und ihre Kinder selbst umzubringen …

Die mesopotamischen Sintflutgeschichten und die Bibel

Schon am Anfang der Übersetzungsarbeit und der Studien der mesopotamischen Schriften fiel den Ethnologen und Sprachforschern die bemerkenswerte Übereinstimmung dieser Geschichten mit jenen in der Bibel auf, besonders bei der Sintflutgeschichte. Eine Veröffentlichung zu diesem Thema von George Smith erschien bereits 1876: *The Chaldean Account of Genesis* [2] (S. 284-294). Wenig später folgte eine Studie in der klassischen Arbeit *Die Keilinschriften und das Alte Testament* von Eberhard Schrader [3] (S. 46-54), mit einem Beitrag von Paul Haupt [4]. Eine weitere klassische Arbeit zum Thema sind die Beiträge von Heinrich Zimmern in dem Buch *Schöpfung und Chaos in Urzeit und Endzeit* von Hermann Gunkel [5]. Eine neuere Arbeit zum Thema wurde von Alexander Heidel geschrieben: *The Gilgamesh Epic and the Old Testament Parallels* [6] (S. 224-269).

Die Reaktionen auf solche Veröffentlichungen waren erwartungsgemäß geteilt. Für streng gläubige Christen und Juden war es unmöglich, dass es eine frühere göttliche Offenbarung als jene der Bibel geben könnte. Theologen und Rabbiner suchten mit allen Mitteln einen Zusammenhang zu widerlegen. Für sie gibt es nur drei Erklärungen:

1. die Ähnlichkeiten sind zufällig,
2. die mesopotamischen Geschichten sind von der biblischen inspiriert oder abgeschrieben, oder
3. es handelt sich um voneinander unabhängige Geschichten über tatsächliche Ereignisse.

Für die Agnostiker und Atheisten liegt der Fall klar: Es handelt sich ja nur um Märchen … Man versuchte die Übereinstimmung dadurch abzuwerten, dass man auf verschiedene (ausgesuchte) Unterschiede zwischen den Geschichten hinwies, aber die vielen Ähnlichkeiten sind und bleiben frappierend. *Enuma Elish* enthält darüber hinaus eine Vorgeschichte zur Schöpfung der Erde und vom Leben darauf, die in der Bibel nur angedeutet wird.

Die Unterschiede sind eigentlich mäßig und gleichen eher den »Ausnahmen, die die Regel bestätigen«. In den Keilschrifttafeln wollen die »Götter« vor den ihnen lästig gewordenen Menschen ihre Ruhe haben, in der Bibel sind die Menschen »sündig« geworden, weshalb die Sintflut über die Erde ausgelöst wurde. In den Tafeln warnte Enki heimlich die Menschen, in der Bibel warnte Gott Noah direkt. Die Gestalt der jeweiligen Arche ist unterschiedlich. In den Tafeln regnete es 7 Tage, in der Bibel 40 Tage. In der Bibel wird Noah gesagt, er solle die Erde wieder bevölkern, in den Tafeln rettete sich eine Gruppe von Menschen mit Atra-Hasis, die sich dann vermehrten und die Erde erneut bevölkerten. Und manche Einzelheiten mehr. In beiden Geschichten werden Vögel hinausgeschickt, um Land zu erkunden. In der Bibel kehrt der Rabe zurück und dann die Taube mit einem Olivenzweig, in der mesopotamischen Geschichte kehren eine Taube und eine Schwalbe zurück, aber der Rabe nicht.

Eine umfassende und an sich interessante Diskussion dieser Parallelen wurde 1997 in der Zeitschrift *Bible and Spade* veröffentlicht [7]. Diese Zeitschrift wird von einer Organisation herausgegeben, die *die Bibel für unfehlbar* hält, weshalb die Diskussion entsprechend ist. Sie zeigt auch, wie viele der Argumente, mit denen man die Übereinstimmungstheorie widerlegen möchte, wie man sagt, »an den Haaren herbeigezogen« sind … Vielleicht kommt es manchen eher auf die schiere Menge der Argumente als auf ihre Qualität an. Von solchen Absichten abgesehen vermittelt die Diskussion aber eine gute Übersicht über die Ähnlichkeiten.

Weitere Übereinstimmungen

Neben der Sintflutgeschichte gibt es in der Bibel zahlreiche weitere Übereinstimmungen mit den mesopotamischen Texten, nicht zuletzt zwischen *Enuma Elish* und der biblischen Schöpfungsgeschichte in 1Mos (*Genesis*). Beide gehen davon aus, dass eine wesenhafte Urenergie aus sich heraus Welten und Lebewesen erschuf. Diese Urenergie befand sich in einem ursprünglichen Chaos, von Dunkelheit umgeben.

Aber was ist denn eigentlich Chaos?

Das Wort wird meistens als völlige Unordnung verstanden, hat aber ursprünglich eine andere Bedeutung: *totale Leere*. Es kommt von dem griechischen Wort *chaíno*, das »gähnen« bedeutet – wie man so sagt: »gähnende Leere« –, und entspricht in der Bibel »*tohu va bohu*« oder »wüst und leer«.

Das uranfängliche Chaos war also einfach reine Energie, die insofern inhaltslos war, als darin und daraus noch keine Schöpfung entstanden war. Es ging in beiden Geschichten vom Schöpfergott Licht aus – in der mesopotamischen Geschichte eher in der Form, dass diese Urenergie selbst Licht *ist* –, und er ließ die Welten entstehen. Die damit erschaffenen »Götter« »erschufen« später aus »Lehm« beziehungsweise »Staub« Menschen, die ihnen ähnlich waren. Am Ende feierten in *Enuma Elish* die »Götter«, in der Bibel ruhte Gott aus.

Es ist auch behauptet worden, dass das hebräische Wort *tehom* (»Tiefe«, aber auch »Wassermasse«, »Meer«) in 1Mos 1,2 etymologisch mit Tiamat zu verbinden sei, was allerdings eine tendenziöse sprachliche Untersuchung infrage stellen will [8]. Heidel hält die beiden Wörter für gleichen Ursprungs, legt aber fest, dass sie eine jeweils ganz andersartige Bedeutung haben [9].

Eine gewisse Übereinstimmung ist auch in der *zweifachen* Menschenschöpfung zu finden.

Wie oben erwähnt, findet man zwei unterschiedliche Schöpfungsgeschichten in den mesopotamischen Texten. Hier gibt es auch eine gewisse Parallele in der Bibel. Die erste Menschenschöpfung wird in 1Mos 1,26-27 beschrieben: »Und Gott sprach: Lasset *uns* Menschen machen in *unserem* Bilde, *uns* ähnlich … Und Gott schuf den Menschen ihm zum Bilde, zum Bilde Gottes schuf er ihn; und schuf sie als einen Mann und ein Weib.« Das Wort, das hier als »Gott« übersetzt wurde, ist wieder *'Elohim* – also eigentlich: »die Götter«! Das geschah am 6. Tag in der biblischen Geschichte, und da wurden also Mann und Weib gleichzeitig – also gleichwertig! – erschaffen. Nachher folgte die zweite Menschenschöpfung in 1Mos 2,7 und 2,22.

Enki hatte ein Buch mit den *me*, über 100 göttlichen Gesetzen oder Geboten (auch als göttliche Kräfte bezeichnet) [10]. Diese waren auf Tontafeln geschrieben, von denen es heute nur noch Fragmente gibt, und es ist bereits vorgeschlagen worden, sie mit den Moses übergebenen Gebotstafeln zu vergleichen. Der »Gott« dieser Gesetze war Enmesharra (ein in *Enuma Elish* nicht erwähnter Vorfahre von Enki und Enlil, auch ein »Gott« der Unterwelt). Sie wurden von Enlil gesammelt und an Enki übergeben.

Erst nach dem 7. Tag aber wird Adam erschaffen, und scheinbar auch in einer anderen Weise. Er war also doch nicht der erste Mensch. Adam tritt im 2. Kapitel auf die Bühne und war erst alleine da, bis ihm recht viel später eine Frau erschaffen wurde. »… der erste Mensch war noch nicht da, um das Erdreich zu bearbeiten« (1Mos 2,5) – aber vielleicht bereits woanders, außerhalb von Eden – mit anderen Aufgaben (oder keinen). Deshalb schuf Gott Adam aus dem Staub der Erde und blies ihm eine Seele durch die Nase ein (2,7). Hier steht allerdings nichts von Gottes Abbild (jedoch nachträglich in 1Mos 5,2). Adam wurde in den Garten Eden gesetzt, gewissermaßen als Gottes Gärtner. Sein Name bedeutet an erster Stelle »Mensch«.

Das hebräische Wort für »Staub« ist hier *'aphar*. Es bedeutet auch etwas, das pulverisiert, das heißt zu Staub oder Teilchen zerrieben ist. »Erde« heißt *'adamah*. Das wird so erklärt, dass die Erde im Orient meistens rötlich ist, und *'adam* kann auch »rot«, »rötlich«, »blutfarbig« bedeuten. Eine Erklärung, die nicht besonders naheliegend erscheint … Könnte man »Staub der Erde« vielleicht als »rote Blutteilchen« verstehen? Es mag etwas weit hergeholt sein, wenn man als »Rohmaterial« für Adam vom Boden aufgelesene staubige und trockene Erde annähme. Vielleicht sollte man es eher als »Blutbestandteile« auffassen? Damit käme man jedenfalls der babylonischen Schöpfungsgeschichte nahe (Erschaffung aus dem Blut eines erschlagenen »Gottes«)! Und das hebräische Wort *dam* bedeutet »Blut«. Blutzellen enthalten Genen, und damit kämen wir auch Sitchins Theorien über ein genetisches Vorgehen nahe! »Staub *der Erde*« könnte besonders auf »Blutteilchen« *irdischer* Herkunft verweisen, möglicherweise von Tieren oder irgendwelchen Vormenschen (die dann mit göttlichen Genen vermischt wurden).

Hier wird Gott nicht mehr *'Elohim* genannt, sondern jetzt *Jahweh 'Elohim*, so dass *Jahweh* einer der *'Elohim* (der erschaffenen »Götter«) zu sein scheint, der sich eine eigene Schöpfung macht.

Adam und Eva aßen vom Baum der Erkenntnis und mussten Eden verlassen. Bald hatten sie Kinder, und der Sohn Kain nahm sich eine Frau (1Mos 4,17)! Seine Söhne nahmen sich auch Frauen. Woher kamen sie denn? Des Rätsels Lösung kann wohl nur sein, dass Gott – oder die »Götter« – bereits vor Adam andere Menschen erschaffen hatte(n), die sich noch fleißig vermehren sollten (1Mos 1,28). Sie werden dann außerhalb von Eden gelebt haben, und Adam und Eva wurden offensichtlich zu ihnen verwiesen. Das erklärt auch die sonst rätselhafte Angst Kains, dass jeder, der ihn finde, ihn wegen des Brudermordes töten könnte (1Mos 4,14). Nach der üblichen Deutung des Dogmas hätte es ja keine anderen gegeben, die ihn hätten töten können! Seine Eltern, seine Frau und seine eigenen Kinder kämen da kaum infrage ... höchstens dann »Götter«.

Es gibt in der mesopotamischen Literatur eine Erzählung über Adapa, der wegen eines unglücklichen Ereignisses zum Aufenthaltsort des Anu gerufen und zur Rede gestellt wird [9,11]. Am Ende des Gesprächs schickt Anu Adapa zurück: »Bringt ihn zurück auf seine Erde!« Anus Aufenthaltsort ist also *nicht* auf der Erde. Man hat wiederholt auf Parallelen zur biblischen Geschichte von Adam in Eden hingewiesen, aber diese sind meines Erachtens wenig überzeugend. Und noch etwas ist mir aufgefallen. Am Eingang zum Aufenthaltsort Anus stehen zwei Wächter, Tammuz und Gishzida. Tammuz (Dumuzi, Du'zu) ist der sumerische »Gott« der Speisen, Vegetation und Landwirtschaft und Gishzida (Gizzida, Ningishzida) ist der Herr des »guten Baumes« und der Heilung. Das erinnert an die zwei Bäume im Garten Eden. Man mag auch über Parallelen zu den zwei Säulen Jachin und Boas am Eingang zu Salomons Tempel spekulieren.

Es wurden noch weitere Übereinstimmungen in der Literatur ausführlich erörtert [9,12]. Eine interessante Übersicht schrieb der bekannte Assyriologe Wilfred George Lambert (1926-2011) [13] in der renommierten *Theologischen Realenzyklopädie* [14], wobei er sich allerdings sichtlich bemüht, die Signifikanz der vielen Übereinstimmungen abzuschwächen, obwohl sie für einen unvoreingenommenen Leser doch bedeutende Indizien sein werden. Nach meiner Vermutung tat er es deshalb, weil er Christadelphist war [13], also ein Angehöriger einer Gemeinschaft von Christen, die bestrebt sind, für ihren Glauben und ihr Leben ausschließlich vom Wort Gottes laut der Bibel auszugehen [15]. Deshalb geriete der Nachweis eines mesopotamischen Ursprungs von Bibeltexten in Konflikt mit seinem persönlichen Glauben.

Überhaupt ist es interessanterweise so, dass mehrere Verfasser eine Übersicht über Übereinstimmungen und Parallelen geben, aber in der Absicht, diese wegzuerklären, womit sie uns jedoch hilfreiches Diskussionsmaterial liefern, wenn wir nur von jener Absicht absehen …

Wer ist Jahweh?

Er ist der Gott der hebräischen Bibel und im Alten Testament der christlichen Bibel. Im hebräischen Text steht er nur mit Konsonanten als JHWH geschrieben, weil man im Judentum den Namen nicht aussprechen soll. Wenn man von ihm redet, sagt man besser *Adonai*. Dieses Wort ist eine altertümliche Mehrzahlform (wiederum!) von *Adon* = »Herr«. Es gibt deshalb verschiedene Theorien darüber, welche Vokale man diesen vier Konsonanten zuordnen soll. Der Name wird auch als Tetragrammaton bezeichnet: »Die vier Buchstaben«.

Die heute in der Theologie allgemein anerkannte Aussprache ist »Jahweh« aber eine oft vorkommende Variante ist »Jehowah«, in der man im Wesentlichen, aber nicht genau, die Vokalisierung von Adonai übernommen hat. Dieser Name bedeutet etwa »er, der ist« (»ich bin der, der ich bin« in 2Mo 3:14). Man hat auch mit anderen Vokalen herumprobiert, da ja keine festgelegt sind, und dann treten andere Bedeutungen hervor (*eine* solche Vokalisierung, Jahawah, führt sogar zu der Bedeutung »er bringt Unheil« ...).[9]

Wer ist nun dieser Gott? Dazu geben Entdeckungen der letzten Jahrzehnte in der religionsgeschichtlichen Forschung Aufschluss. Da das Thema sehr mit subjektiven Glaubensfragen zu tun hat, ist es kontrovers und verlangt eine etwas ausführlichere Diskussion.

Ergebnisse aus archäologischen Funden

In den letzten Jahrzehnten haben archäologische Funde einen beinahe revolutionären Einfluss auf die Auffassung über den Monotheismus in der religionsgeschichtlichen Forschung gehabt. Es stellt sich deutlich heraus, dass der Ursprung der hebräisch-christlichen Religion polytheistisch ist und dass sogar Göttinnen verehrt wurden! Erst anschließend, vor allem wäh-

---

9 Schreibt man die Buchstaben rückwärts, stellt man fest, dass man interessanterweise nach dem hebräischen Wörterbuch HWHJ als aus zwei Wörtern zusammengesetzt betrachten kann: HW = Ausruf von Traurigkeit (vgl. »Oh, weh!« ...) und HJ = Wehklage.

rend der Exile in Ägypten und Babylon, kam es dann zu einem streng dogmatisierten Monotheismus.

Die Göttinnen, von denen in alten vorexilischen Zeiten besonders die 'Asherah verehrt wurde, hat man in einer patriarchalischen Bestrebung verbannt und ihre Symbole zerstört. Leider sind diese Forschungsergebnisse der Öffentlichkeit ziemlich unbekannt. Die Kirche scheint sie zu ignorieren, obwohl sie heute Themen von Artikeln in wissenschaftlichen Zeitschriften, Dissertationen und Symposien an religionshistorischen Fakultäten sind. Hier wird eine kurze Übersicht über die diesbezüglichen Erkenntnisse gegeben, die sich im Wesentlichen an den umfassenden Symposiumsbericht *Ein Gott allein?* [16] anlehnt.

Diese bemerkenswerten Forschungsergebnisse bedeuten natürlich nicht, dass es keinen höchsten Gott, keinen Urschöpfer, gäbe. Sie stellen aber infrage, ob unsere monotheistischen Religionen sich wirklich auf jenen Urschöpfer beziehen oder nicht vielmehr pseudomonotheistische Religionen sind, die sich eigentlich auf eine Art »Zwischengott« beziehen, der in die Rolle des Urschöpfers geschlüpft ist oder aus irgendwelchen politischen Gründen in sie gedrängt wurde ... von »Göttern« oder von Menschen ... Wie wir gesehen haben, ist weder Anu noch Marduk der Urschöpfer in der babylonischen Schöpfungsgeschichte, sondern Apsu – und zwar in Einheit mit Tiamat! Die beiden wurden nur abgewertet und gewissermaßen »abgesetzt«. Andere »Götter« haben sich zwischen ihn und uns gedrängt.

In Indien ist die Situation recht ähnlich, aber es wird weitaus offener damit umgegangen. Dort gilt Parabrahman als der *eine* höchste Gott, aber keine Gottheit des indischen Pantheons versucht ihm die Schau zu stehlen. Ist jemand zum Beispiel ein Verehrer von Vishnu oder von Shiva, weiß er sehr wohl, dass diese Gottheit nicht der Urschöpfer selbst ist, sondern – selbst erschaffen – gewissermaßen ein Vertreter von ihm.

Durch Kirche und Religionsunterricht ist uns im Westen immer eingetrichtert worden, dass es nur einen Gott gäbe. Es gälte seit Urzeiten, dass der Gott des Alten Testaments der Einzige sei. Dazu schreibt Prof. Dr. Walter Dietrich in seiner Einleitung zum genannten religionshistorischen Symposiumsbericht [16] wie folgt: »Trifft dieses Bild historisch wirklich zu? … Es lassen sich Gründe dafür anführen, dass die normale JHWH-Religion zunächst polytheistisch war … In dem nordkana anäischen Stadtstaat Ugarit [heute: Ras Shamra] trifft man auf einen ausgefächerten Polytheismus, dessen Götter teilweise auch im Alten Testament auftauchen: El, Baal, Astarte, Anat und Ashera. Während sich den biblischen Texten eine friedliche Koexistenz und Verschmelzung von JHWH und El entnehmen lässt, werden Baal und auch die weiblichen Gottheiten aufs Heftigste bekämpft.« Er erwähnt archäologische Funde vor allem in Kuntillet-'Agrud (heute: Horvat Teman) und Khirbet-el-Qom (in der Nähe von Hebron), wo Inschriften ausdrücklich von Jahweh und seiner göttlichen Gemahlin 'Asherah sprechen. »Begreiflicherweise haben diese außerbiblischen Textzeugnisse in der Forschung einen erheblichen Wirbel ausgelöst.«

Der strengere Monotheismus bildete sich vor allem im Exil aus, während der Zeiten in Ägypten und in Babylon. Und trotzdem: »Für einen einzigen Gott ist es in gewisser Hinsicht schwieriger als für ein Pantheon, auf sämtliche Erfahrungsbereiche von Mensch und Welt einzugehen. So hat sich … eine

Vielzahl quasi-göttlicher Wesen angesiedelt. Die Figur des Satans kommt jetzt auf ..., dazu tritt eine Fülle von Engeln und Dämonen. ... In diesen Zusammenhang gehört sicher auch die quasi-göttliche Gestalt der Frau Weisheit« [17]. Auf Hebräisch heißt sie Chokmah und auf Griechisch Sophia.

Jahweh, ein Berggott der südlichen Wüste, wurde zum persönlichen Gott der Israeliten und zu ihrem Nationalgott, zum Schöpfer und Himmelsgott, Herr über den Tod und Weltenrichter. Das hat seine Spuren in der Menschheitsgeschichte gesetzt! Es sieht doch danach aus, dass Intoleranz, Fanatismus und Fundamentalismus zu negativen Folgen des strengen Monotheismus wurden. »Nicht erst in neuester Zeit ist die Geschichte des Islam und, leider mehr noch, des Christentums voller Beispiele dafür, wie der ›Glaube an den einen Gott‹ als Vorwand für Untaten aller Art bis hin zum Völkermord dienen kann« [17].

Nicht nur die archäologischen Funde, sondern auch Stellen in der Bibel zeugen davon (etwa Hos. 4,9-14, Jer. 44,15-19), dass ursprünglich die Religiosität Israels durch die Verehrung von Göttinnen geprägt war. Dann wurde diese Verehrung bekämpft, und alles ging in Jahweh auf – Männliches und Weibliches, Gutes und Böses, Heil und Unheil ... [17].

Man hat Jahweh als eine andere Bezeichnung des Gottes 'El sehen wollen, »aber diese Anschauung ist für ernsthafte Einwände offen ... Was auch der genaue Ursprung Jahwehs sein mag, spricht sehr viel dafür, dass er ursprünglich der Gott vom Berg Sinai war« [18], und zwar ein Kriegsgott [19]. *'El hatte 70 Söhne, die Götter von 70 Nationen der Erde waren, und Jahweh wird einer davon gewesen sein* – also der Gott einer dieser Nationen und dann offensichtlich Israels (5Mos 32,8; 1. Mos.10) [18].

Die Versammlung Gottes (und der »Götter«) ist auch in Psalm 82,1 und 82,6 erwähnt: »Gott [*'Elohim*] steht in der Versammlung Gottes, inmitten der Götter richtet er ... Ich habe gesagt: Ihr seid Götter [*'elohim*] und Söhne des Höchsten [*'Elyon*] – ihr alle!«

Jahweh wird natürlich auf beinahe jeder Seite im hebräischen Alten Testament einige Male erwähnt, insgesamt 5658 Mal. Jahweh 'Elohim taucht 40 Mal auf, 'Elohim Jahweh 4 Mal und 'Elohim 680 Mal. Ziehen wir von der letzten Zahl 44 ab, wird also 'Elohim alleine 636 Mal erwähnt.

Ist Jahweh Enlil?

In der Bibel löste Jahweh die Sintflut aus, um die sündige Menschheit zu eliminieren und dann mit Noah einen Neustart zu ermöglichen. In den mesopotamischen Texten veranlasste Enlil die Sintflut und wollte die ganze ihm lästig gewordene Menschheit auslöschen, während Enki ein Redeverbot übertrat und durch Atra-Hasis (Utnapishtim, Ziusudra) eine Neuentwicklung der Menschheit ermöglichte.

Jahweh ist ein Kriegs- und Sturmgott (oben und [18]). Der Name Enlil bedeutet »Herr des Sturms«, und er ist auch ein Kriegsgott. Seine Gefährtin ist Ninlil (Sud), die von Enlil erst vergewaltigt und dann zwei Mal von ihm verführt wurde, wobei er verkleidet war und sich für einen anderen ausgab [21], was wohl eine eher negative Einstellung zur Weiblichkeit bezeugt.

Jahweh hatte ebenfalls erst eine Gefährtin, 'Asherah, die scheinbar verstoßen wurde. Ihr Name sollte später nicht mehr erwähnen werden, weshalb man ihn in der Bibel vertuschte, was wohl auch nicht gerade für eine positive Einstellung zur Weiblichkeit spricht. Unten wird mehr über sie berichtet. Professor John Day behauptet in seiner Schrift *Yahweh and the Gods and Goddesses of Canaan* sogar, dass er »Affären« mit zwei anderen »Göttinnen« gehabt haben könnte [22].

Enlil ist hin und wieder sehr freundlich zur Menschheit, aber er kann auch streng, cholerisch und sogar grausam sein. Er bestraft die Menschen übermäßig und schickt ihnen Unheil. Wer erkennt darin nicht den biblischen Gott? Umso interessanter ist folgende Entdeckung: Auf mesopotamischen Abbildungen trägt er manchmal eine Krone mit Hörnern.

Die »Söhne Gottes«

In 1Mos 6,2 und 6,4 lesen wir: »… da sahen die Söhne Gottes, dass die Töchter der Menschen schön waren, und sie nahmen sich zu Weibern, welche sie irgend erwählten … In jenen Tagen waren die Riesen auf der Erde, und auch nachher, als die Söhne Gottes zu den Töchtern der Menschen eingingen und diese ihnen gebaren. Das sind die Helden, welche von alters her waren, die Männer von Ruhm gewesen sind.«

Diese »Söhne Gottes« sind im hebräischen Text »Söhne der 'Elohim«, also »Söhne der *Götter*« (*benej ha elohim*). Es wird wohl aus allem Gesagten nun sehr wahrscheinlich sein müssen, dass diese *'Elohim* eigentlich Anunnaki sind und in diesem Fall wohl eher die oben genannten »Wächter« … Das Wort, das hier als »Riesen« übersetzt wurde, ist *nephilim*[10]

---

10 Das Wort *nephilim* wird manchmal fälschlich als Bezeichnung für die

und bedeutet eigentlich »die hinunter fielen (oder geworfen wurden)«, von *nephal* = »fallen« oder »hinunterwerfen«. Die »Helden« werden in anderen Übersetzungen auch »Gewaltige«, »Tyrannen«, »mighty men« und Ähnliches genannt und sind *giborim*, das auch als »meisterhafte Männer« übersetzt wird, Menschen mit besonderen Fähigkeiten. Männer »von alters her« (hebr. *'olam*) könnte auf einen Ursprung von Wesen hinweisen, die schon lange dagewesen sind – wohl wiederum die Anunnaki …

Ich neige aufgrund meiner Recherchen inzwischen zu folgender Auffassung: Nach langer Anwesenheit auf der Erde verließen uns die Anunnaki, behielten jedoch weiterhin die Kontrolle über uns. Für diesen Zweck beauftragten sie eine Anzahl ihrer Leute (die von Menschen als »Engel« betrachtet wurden) dazu, »Wächter auf der Erde« zu sein. Diese Anunnaki sind (wie bereits oben erwähnt) allem Anschein nach mehrdimensional und können sich deshalb in anderen Dimensionen verstecken, um von uns nicht gesehen zu werden.

Wenn sie uns scheinbar allein ließen – aber nicht wirklich, da sie über uns eine unsichtbare Kontrolle aufrechterhielten –, wurden die Wächter zu einem Verbindungsglied zwischen den Anunnaki und uns. Allerdings eine sehr einseitige Verbindung, die nicht in die andere Richtung funktionierte. Wir erhielten keine Auskunft über sie, sie jedoch über uns. Wir wussten nicht Bescheid und konnten nicht voll die Kontrolle über uns selbst haben, denn sie behielten weiterhin eine heimliche Kontrolle über die Menschen, unterschwellig und uns unbewusst.

»Söhne der 'Elohim« verwendet, aber es bezieht sich im Bibeltext auf dessen Abkömmlinge mit Erdenfrauen.

Dazu steht im *Buch Henoch* (*1 Henoch*) [23]: »Nachdem die Menschenkinder sich gemehrt hatten, wurden ihnen in jenen Tagen schöne und liebliche Töchter geboren. Als aber die Engel, die Himmelssöhne, sie sahen, gelüstete es sie nach ihnen, und sie sprachen untereinander: ›Wohlan, wir wollen uns Weiber unter den Menschentöchtern wählen und uns Kinder zeugen.‹ Semjasa aber, ihr Oberster, sprach zu ihnen: ›Ich fürchte, ihr werdet wohl diese Tat nicht ausführen wollen, so dass ich allein eine große Sünde zu büßen haben werde‹. Da antworteten ihm alle und sprachen: ›Wir wollen alle einen Eid schwören und durch Verwünschungen uns untereinander verpflichten, diesen Plan nicht aufzugeben, sondern dies beabsichtigte Werk auszuführen.‹ Da schwuren alle zusammen und verpflichteten sich untereinander durch Verwünschungen dazu. Es waren ihrer im Ganzen 200, die in den Tagen Jareds auf den Gipfel des Berges Hermon herabstiegen. Sie nannten aber den Berg Hermon [»Festung«], weil sie auf ihm geschworen und durch Verwünschungen sich untereinander verpflichtet hatten.«

Sie hatten also mit den Töchtern der Menschen Kinder, die zu Riesen aufwuchsen. Diese wandten sich angeblich gegen die Menschen, um sie zu verschlingen. Sie wollten das Fleisch von ihnen und von Tieren essen und Blut trinken. Aber diese 200 »gefallenen Engel« lehrten ihre Kinder und die Töchter der Menschen auch viele Geheimnisse über Magie, Astrologie, Geomantie, den Gebrauch von Metallen und andere Dinge. Dies ging dann Gott zu weit, und er beauftragte Uriel dazu, Noah zu warnen, dass über die Welt eine Sintflut kommen würde. Diese »gefallenen Engel« wurden dann bis zum Tag des Gerichts im Abgrund eingekerkert.

Die genannten Wächter werden in einem anderen Buch Henoch auch *'irin* und *qadishin* genannt (*3 Henoch* oder *Das hebräische Henochbuch* [24]).

Das *Buch der Jubiläen* [25] berichtet in Kapitel 5: »Und auf die Engel, die er auf die Erde geschickt hatte, zürnte er gewaltig. Und er gebot, sie auszurotten aus ihrer ganzen Herrschaft, und er sagte uns, wir sollten sie binden in den Tiefen der Erde, und siehe, sie sind mitten darin gebunden und allein geblieben. Und über ihre Kinder erging das Wort von seinem Angesicht, er wolle sie mit dem Schwert durchbohren und vertreiben unter dem Himmel.« Hiernach folgt die Beschreibung einer gewaltsamen Zerstörung und dann der Sintflut.

Die »Söhne Gottes« werden hauptsächlich negativ beschrieben, aber auch so, dass wir einen anderen Eindruck bekommen können. Sie hatten Gott gebeten, auf der Erde keine Menschen zu erschaffen, doch da er es dennoch tat, wollten sie ihnen nahe sein. Die Anunnaki hatten ja auf der Erde durch genetische Manipulation Menschen »erschaffen«, um diese für sie arbeiten zu lassen – also als Sklaven –, und wollten sie in einem ziemlich primitiven Zustand halten, damit sie nachgiebig blieben und nicht zu viel verstünden. Es scheint, dass die Wächter ein gewisses Maß an Mitgefühl mit diesen Menschen hatten und ihr Bewusstsein dadurch erhöhen wollten, dass sie ihnen von ihren eigenen Genen gaben, indem sie mit Erdenfrauen Kinder hatten. Damit übertraten sie ein Verbot, und eben das scheint ihre wahre »Sünde« gewesen zu sein. Deshalb sollten Menschen mit solchen Genen in der Sintflut ausgerottet werden, was ihr eigentlicher Zweck war. Es ging um eine *ethnische Säuberung Gottes*! Menschen, die sich weiter als vorgesehen entwickelt (und zu viel vom »Baum der Erkenntnis gegessen« …) hatten, sollten beseitigt werden.

Der apokryphe Text *Das Buch der Jubiläen* [25] berichtet in den Kapiteln 4 und 5 sogar, dass die Söhne der 'Elohim zunächst die *Aufgabe* hatten, die Menschen zu unterrichten, ihnen vieles beizubringen und zu zeigen. Diese Aufgabe erfüllten sie auch. Später aber verfielen sie der Versuchung, sich mit den Erdenfrauen sexuell einzulassen.

Was war dann eigentlich die »Sünde«? Die Sexualität selbst? Weshalb haben denn (offensichtlich) sowohl sie als auch die Menschen Genitalien bekommen? Warum sollten sie diese haben, wenn sie sie nicht gebrauchen durften? In 1Mos 1,22 werden die Menschen ja aufgefordert, sich zu vermehren. Die logische Antwort ist, dass es hier um etwas anderes geht: Es war den Söhnen der 'Elohim deshalb verboten, mit Erdenfrauen Kinder zu zeugen, *weil dadurch ihre Gene in die Menschheit kämen!* Solche Gene führten zur unerwünscht raschen Entwicklung der Erdenmenschen. Die Sintflut sollte die Menschheit auf eine frühere Stufe zurückwerfen.

Könnte es sein, dass die Kinder der Wächter eher in besonderer Weise »Riesen« waren, dass sie nämlich eine wesentliche höhere Intelligenz und ein höheres Bewusstsein hatten und damit Fähigkeiten, die Erdenmenschen nicht haben sollten? Vielleicht waren sie außerdem auch körperlich größer? Der Vorwurf, Menschen zu verschlingen, könnte dann eine taktische Verleumdung gewesen sein, als Ausrede für ihre Zerstörung. Möglicherweise waren die Wächter in einem gewissen Sinne auch Entwicklungshelfer …

In der Bibel findet sich das Wort 'Anakim, Söhne von 'Anak, als Bezeichnung für ein groß gewachsenes Volk im Süden Palästinas in der Nähe von Hebron und östlich des Jordan (die Letzteren werden auch Rephaim genannt). Das Wort *'anak* bedeutet »Halsband« oder »Langnacken«, und die 'Anakim trugen angeblich Halsketten und hatten einen langen Nacken.

Es wird sicher nicht weit hergeholt sein, hier einen etymologischen Zusammenhang mit »Anunnaki« zu vermuten! Besonders angesichts der Nephilim, selbst wenn Theologen diese Verknüpfung ganz und gar nicht gern sehen ... Die Bezeichnung Nephilim findet sich an neun Stellen in der Bibel: 5Mos 1,28, 2,10-11, 2,21, 9,2, Jos 11,21-22, 14,12 und 14,15.

Biblische und mesopotamische Göttinnen

Da wenden nun einige sofort ein: Es gibt keine Göttinnen in der Bibel! Na wir werden mal sehen ... Wie bereits erwähnt, hatte Jahweh ursprünglich eine Gemahlin 'Asherah, die in den frühesten Formen der nahöstlichen Religion tatsächlich erwähnt wurde, und zwar auf verschiedenen Inschriften, die bei Ausgrabungen gefunden wurden. Manche verbinden sie mit der mesopotamischen Ishtar (Inanna), einer Tochter Anus.

»In neuerer Zeit wurde eine Fülle archäologischer Daten zusammengetragen, die auf die Existenz eines 'Asherah-Kultes der alten kana anäischen Mutter-Göttin hinweisen ... Die Bemühungen einiger biblischer Gelehrter sind aufschlussreich, mit denen sie solche ziemlich klaren Hinweise auf 'Asherah, als ... seine Gemahlin aufgefasst, zu umgehen versuchen« [26]. Man bemüht sich darum, das Wort *'asherah* lediglich als Bezeichnung für eine wie auch immer geartete kultische Holzfigur oder gar für einen »Baum« zu verstehen, möglichst ohne dahinter eine damit symbolisierte Göttin sehen zu müssen. ’Asherah wird in der Bibel im hebräischen Text in neun Büchern über 40 Mal erwähnt, aber allzu oft – wohl mit Absicht verdunkelnd – als »Baum« oder »Hain« übersetzt. »In mindestens einem halben Dutzend der Fälle wird der Begriff ›’asherah‹ jedoch auf die Göttin selbst hinweisen und nicht bloß auf einen totemartigen Gegenstand. Es gibt keinen Weg drum herum: Diese sind ’Asherah-Figuren« [26].

Allerdings tritt hier ein grammatikalisches Problem hervor. In 19 Versen erscheint der Name in der männlichen Mehrzahlform *’asherim*, in drei Versen in der weiblichen *’asherot* [27]. Die männliche Form weist offensichtlich direkt auf das hölzerne Bild oder Symbol ’Asherahs hin, während die weibliche Form auf die Göttin selbst (mitsamt ihren Symbolen, daher die Mehrzahl) verweist, deren Name von *’asher* = »glücklich« abgeleitet ist [27, 28].

Es gibt ein paar Bibelstellen, die Asherah scheinbar mit Ba‘al in Verbindung bringen. Das dürfte sich aber eher der Bemühung verdanken, ihren Kult abzuwerten [17]. Aus irgendeinem Grund wollte man in einer patriarchalischen Bestrebung nichts mehr mit ’Asherah zu tun haben. Es wurde zum Beispiel verboten, an Jahwehs Altar »einen Baum« zu pflanzen (5Mo 16,21 – der Originaltext hat auch hier *’asherah*). Was für einen Sinn sollte ein solches Verbot denn haben, wenn nicht »der Baum« – oder vielleicht besser: eine Holzfigur – eine Darstellung oder ein Symbol ’Asherahs war? Dieses hölzerne Symbol wird manchmal auch als »Pfahl« bezeichnet und erinnert dadurch, per »Wortspiel« oder Assoziation, ebenfalls an ’Asherah! Das Wort *’ashar* – aus der gleichen Wurzel wie das oben erwähnte Wort *'asher* kommend, nur mit einem anderen Vokal – hat nämlich ebenso die Bedeutung »gerade, aufrecht« wie »glücklich, erfolgreich sein« [28]. Etwas Gerades, das aufrecht steht – also ein Pfahl – könnte deshalb assoziativ als Symbol für 'Asherah dienen.

In früheren Bibelübersetzungen gab es *Das Buch der Weisheit*, auch *Salomos Weisheit* genannt. Leider fehlt es in späteren Bibelausgaben. »In den Weisheitsbüchern tritt die schwer zu deutende Gestalt der ›Frau Weisheit‹ auf; auch sie lässt sich am ehesten als Göttin verstehen« [29].

Die Gnostischen Urchristen betrachteten den Heiligen Geist als *weiblich*. Manche haben diesen »weiblichen Heiligen Geist« mit der »Frau Weisheit« – Sophia, Chokmah – vergleichen wollen, die an einigen Stellen im Alten Testament sogar »der Geist der Weisheit« genannt wird (*ruach chokmah*, vgl. 2Mos 28,3, 5Mos 34,9 und Jesaja 11,2). Jesus sprach gemäß einer apokryphen Schrift von »meiner Mutter, dem Heiligen Geist« [30]. Die Theologen wollen die angebliche »Weiblichkeit« des Heiligen Geistes als ein rein sprachliches Missverständnis erklären, da das hebräische Wort für »Geist«, *ruach*, grammatikalisch weiblich ist. Das sieht ein bisschen nach einem Ausweichmanöver aus … Im Judentum entspricht dem Heiligen Geist die Shekinah, die »weibliche Anwesenheit Gottes«, die in der Kabbalah eine besondere Bedeutung hat.

Eine andere Göttin ist Anath, die in der Bibel an zwei Stellen erwähnt wird und an zwei weiteren im Ortsnamen Beth-Anath vorkommt, was darauf hinweisen dürfte, dass Anath einmal dort verehrt wurde. In Mesopotamien ist sie als Antu bekannt, einer der Gefährtinnen Anus. Astoreth wird an drei Stellen erwähnt, aber für eine falsche Göttin gehalten, die in

Mesopotamien Ishtar heißt. Athirat oder Ashtoreth ist wiederum der ugaritische Name 'Asheras (nicht zu verwechseln mit Ashtarte). Im Neuen Testament wird auch Diana erwähnt (Apostelg 19,27-37). Es gibt also mehr göttliche Weiblichkeit im Alten Testament, als den Patriarchen lieb ist.

Eine besondere Wesenheit in der Bibel ist Lilith [31,32]. Sie wird als ein weiblicher Dämon aufgefasst und war nach der jüdischen Mythologie die erste Frau Adams, die sich von Adam als nicht ebenbürtig behandelt empfand, weshalb sie ihn verließ. Gott erschuf ihm daraufhin die Eva. Im jüdischen Volksglauben wird Lilith unter anderem deshalb gefürchtet, weil sie den Müttern nach der Geburt ihre Kinder raube. In der Bibel wird sie in Jesaja 34,14 erwähnt, wo sie im hebräischen Text ausdrücklich bei ihrem Namen genannt wird, während in den Übersetzungen meistens Bezeichnungen wie Kobold, Nachtgespenst oder Schreieule stehen. In Mesopotamien ist sie eine eher (aber nicht nur) dämonische Göttin namens Lilitu [33].

Man mag sich fragen, wie die Welt heute aussehen würde, wären die Göttinnen nicht aus unseren Hauptreligionen verbannt worden. Offensichtlich fehlt in unserer macho-patriarchalischen alttestamentarischen Bibel eine gewisse weiche mütterliche Weiblichkeit. Wäre sie erhalten geblieben, könnte die Welt heute friedlicher und menschlicher sein. Zwar hat wohl Maria etwas von dieser Rolle übernommen, aber sie ist keine Göttin und ihre Verehrung hat scheinbar wenig zum Heil der Welt beigetragen. Sogar in der Politik werden eigentlich nur »Mannweiber« geduldet.

Vielleicht ist eine Rückkehr der Göttin überfällig …

Referenzen

1. *Encyclopedia of Hebrew Language and Linguistics*. Vol. 3, hrsg. v. Geoffrey Khan, Brill, Leiden 2013, S. 145 ff., und http://hebrew-syntax.org/hebrew_resources/Beckman%20JC%202013%20(Pluralis%20Majestatis%20BH)%20EHLL.pdf.
2. George Smith: *The Chaldean Account of Genesis*, Sampson Low etc., London 1876. Neudruck bei Wizards Book Shelf, Minneapolis MN, 1977.
3. Eberhard Schrader: *Die Keilinschriften und das Alte Testament*, J. Ricker'sche Buchhandlung, Gießen 1883 (619 Seiten). Das Buch erschien 1903 in einer neuen und durch Heinrich Zimmern und Hugo Winckler völlig umgearbeiteten Auflage im Verlag Reuther & Reichard, Berlin. Diese Ausgabe war erheblich »entschärft« in Bezug auf Aussagen, die als bibelkritisch aufgefasst werden könnten, nach meiner Vermutung im Zusammenhang mit dem von Friedrich Delitzsch entfachten Babel-Bibel-Streit (siehe https://de.wikipedia.org/wiki/Babel-Bibel-Streit), der zwar erst durch seinen Vortrag 1902 in einen öffentlichen Konflikt mündete, aber schon vorher im Schwange gewesen sein dürfte. Die erste Ausgabe von Schraders Buch (J. Ricker, Gießen 1872, 388 Seiten) ist wie ein Kommentar in Lexikon-Form zum Alten Testament gestaltet, in Anbetracht der Texte, die nach ihrer Reihenfolge geordnet sind, wie auch in Hinblick auf die Abfolge der jeweils besprochenen hebräischen Wörter jener Texte, und zwar mit Erklärungen, die sich auf die Keilinschriften beziehen.
4. Haupt: *Der keilinschriftliche Sintflutbericht*, S. 55-79 in [3].
5. Hermann Gunkel: *Schöpfung und Chaos in Urzeit und Endzeit*, Vandenhoeck und Ruprecht, Göttingen 1895, mit Beiträgen von Heinrich Zimmern. Hier als PDF zu haben: http://www.etana.org/sites/default/files/coretexts/14497.pdf.
6. Alexander Heidel: *The Gilgamesh Epic and the Old Testament Parallels*, The University of Chicago Press, Chicago, ILL, 1949.
7. David Toshio Tsumura: *Genesis and Ancient Near Eastern Stories of Creation and Flood*, http://www.biblearchaeology.org/post/2007/02/17/Genesis-and-Ancient-Near-Eastern-Stories-of-Creation-and-Flood-An-Introduction-Part-I.aspx (Teil 1, Teile 2-4 dort verlinkt).

8. David Toshio Tsumura: *The Earth and the Waters in Genesis 1 and 2*, Journal for the Study of the Old Testament, Supplement Series 83, Sheffield Academic Press, Sheffield 1989.
9. Alexander Heidel: *The Babylonian Genesis*, The University of Chicago Press, Chicago 1967 (Neudruck).
10. https://en.wikipedia.org/wiki/Me_%28mythology%29#List_of_mes
11. *Adam And Adapa*: https://faculty.gordon.edu/hu/bi/ted_hildebrandt/otesources/01-genesis/text/articles-books/andreasen_adamadapa_auss.pdf
12. Robert William Rogers: *Cuneiform Parallels to the Old Testament*, Eaton & Mains, New York NY, 1912.
13. https://de.wikipedia.org/wiki/Wilfred_George_Lambert
14. *Theologische Realenzyklopädie*, Bd. V, Walter der Gruyter, Berlin 1980, S. 67-79.
15. https://de.wikipedia.org/wiki/Christadelphian
16. *Gott allein? JHWH-Verehrung und biblischer Monotheismus im Kontext der israelitischen und altorientalischen Religionsgeschichte*, 13. Kolloquium der Schweizerischen Akademie der Geistes- und Sozialwissenschaften, hrsg. v. Walter Dietrich & Martin A. Klopfenstein, Universitätsverlag, Freiburg 1994 (CH).
17. Walter Dietrich in [16].
18. John Day in [16].
19. Mark S. Smith in [16]
20. Bernhard Lang in [16].
21. https://en.wikipedia.org/wiki/Ninlil und *Enlil And Ninlil*: http://etcsl.orinst.ox.ac.uk/section1/tr121.htm
22. John Day: *Yahweh and the Gods and Goddesses of Canaan*, Journal for the Study of the Old Testament, Supplement Series 265, 2000.
23. *Das Buch Henoch*: http://www.stud.uni-potsdam.de/~werner/das_buch_henoch.htm und http://www.gutenberg.org/cache/epub/4013/pg4013.html
24. *Books of Enoch*, https://archive.org/details/AllTheBooksOfEnochenoch1Enoch2Enoch3. Auf Deutsch: *Das sogenannte hebräische Henochbuch*, übers. v. Helmut Hofmann, P. Hanstein, Königstein/Ts. 1984.
25. *The Book of Jubilees or the Little Genesis*, hrsg. v. R. H. Charles,

Adam and Charles Black, London 1902, und https://archive.org/details/bookofjubileesor00char sowie http://www.godrules.net/TheBookofJubilees.pdf. Auf Deutsch, leider in einzelne Kapitel zerstückelt, *Das Buch der Jubiläen*: http://apokryphen.diebibel4you.de/jubel.html

26. William G. Dever in [16].
27. Judith M. Hadley in [16].
28. *Gesenius' Hebrew and Chaldee Lexicon to the Old Testament Scriptures*, übers. v. Samuel Prideaux Tregelles, W. M. B. Eerdmans, Grand Rapids MI, o. J. (Vorwort dat. 1846).
29. Bernhard Lang in [16].
30. In der Geschichte von Thomas; vgl. Origenes' Kommentare zum Johannesevangelium ii.12 und zu Jeremias' Predigt xv.4 (Fragmente in: *The Apocryphal New Testament*, übers. v. Montague Rhodes James, Clarendon, Oxford, 1980).
31. Barbara Black Koltuv: *Lilith*, J. R. Ruther, Grevenbroich 1994.
32. Raphael Patai: *The Hebrew Goddess*, Wayne State University Press, Detroit 1967.
33. *The Sumerian Legend of Lilith*: http://religion.lilithezine.com/The_Legend_of_Lilith.htm

Die Schöpfungsgeschichte des Gnostischen Christentums im Vergleich zu den mesopotamischen Geschichten

Die gnostische Schöpfungsgeschichte

Die Schöpfungsgeschichte der Gnostischen Christen lautet sehr kurz gefasst wie folgt (angelehnt an *Das Apokryphon des Johannes* [1]):

Das Erste Wesen ist unsichtbar, unbenannt und ein unermessliches Licht, es ist ewig und ein unzerstörbarer Vater. Durch seinen Willen entströmte ihm Barbelo (Etymologie umstritten, sie wird auch als Pronoia oder »Vorsehung« bezeichnet) als ein weibliches Gegenüber, ein ihm gleiches Licht, der erste Gedanke, die Urmutter der Schöpfung, der Heilige Geist. Durch einen Funken vom Ersten Wesen erschien aus ihr der androgyne Autogenes (»der aus sich selbst Entstandene«), den wir Christus nennen.

Dann entstanden aus dem Ersten Wesen und Christus die vier Lichtäonen, um Christus zu dienen. Die letzte davon ist Eleleth, wozu am Rande der göttlichen Vollkommenheit auch Sophia gehört, die Weisheit.

Sophia setzte eine eigene Schöpfung in Gang, die schließlich zu materiellen Welten führte. Sie versuchte, das Erste Wesen nachzumachen, und ließ aus sich selbst ein Wesen entstehen, so wie Barbelo aus sich Autogenes hatte entströmen lassen. Damit wollte sie für sich eine Nachkommenschaft schaffen, wenn auch ohne Rücksprache mit dem Ersten Wesen.

Da ein männliches Element fehlte, entstand wegen ihrer Unvollkommenheit ein Wesen wie ein Drache (oder eine Schlange) mit Löwengesicht, das sie Jaldabaoth nannte (wahrscheinlich vom hebräischen Wort *jalda bahut*, »Sohn des Chaos«). Sie war erschrocken und versteckte dieses Wesen voller Scham erst in einer Wolke, dann warf sie es aus der göttlichen Vollkommenheit (Pleroma). Daraufhin entwich es in die unteren Regionen. Anschließend hatte Sophia die Gnade des Ersten Wesens nicht mehr und wurde fortan Norea genannt. Sie inkarnierte später als Tochter von Adam und Eva. Die Söhne Kain und Abel entstanden aber dadurch, dass Jaldabaoth Eva vergewaltigte. Erst Seth war ein echtes Kind der beiden.

Jaldabaoth stahl seiner Mutter Kraft. Er war trotzdem schwach – und zugleich ehrgeizig und machtgierig. Er ließ aus sich 12 Wesenheiten entstehen, die Archonten, um in den niederen Regionen zu herrschen, die er für sich gepachtet hatte, und erschuf dazu noch 365 Engel als Helfer. In seiner Arroganz prahlte er vor den anderen Archonten: »Ich bin Gott, und es gibt neben mir keinen anderen Gott!« Darum wurde er auch Samael (der Blinde) genannt, weil er die Wahrheit nicht sehen wollte. Er wird außerdem Saklas (der Tor) genannt, ein Wort, das manchmal mit Satan in Verbindung gebracht wird. In seiner Region manifestierte sich grobstoffliche Materie.

Jaldabaoths Welt befindet sich in den dunkleren Gefilden, in denen er das gestohlene Licht der Sophia wirken lässt. Dadurch ist seine Welt weder hell noch dunkel, sondern trübe. Die darin Lebenden sind aber an das trübe Licht gewöhnt und wissen nicht, dass es ein helleres gibt.

Das Erste Wesen versuchte aufgrund von Sophias Reue sie und ihre verzerrte Schöpfung zu retten. Die Archonten hörten seine Stimme und waren erschrocken. Sie bemühten sich festzustellen, woher die Stimme kam, und da sah Jaldabaoth eine Spiegelung des Ersten Wesens im »Wasser« (einer Energiebarriere zwischen der göttlichen Welt und der Welt Jaldabaoths) und wollte sie erfolglos imitieren. Sophias Licht war schwächer geworden, weil Jaldabaoth ihr einen Teil davon hatte nehmen können. Doch konnte sie Jaldabaoth dazu bringen, Adam zu »erschaffen« und ihm einen Teil seiner entwendeten spirituellen Essenz wieder einzuhauchen.

Als Jaldabaoth und die Archonten sahen, dass Adam ihnen im Wesentlichen überlegen war, bereuten sie, ihn »erschaffen« zu haben. Sie wollten ihn loswerden. Das gelang aber nicht, und so setzten sie ihn in den Garten Eden, ein Scheinparadies, wo sie ihm vom Baum des Lebens zu essen erlaubten, aber nicht vom Baum der Erkenntnis, der mit Lichtkräften aus einer höheren Welt zu tun hat, denn davon sollte Adam nicht wissen.

Anschließend wollte Jaldabaoth an das Licht in Adam heran, es aus ihm herausholen, und daraus entstand Eva, die von den höheren Regionen gesandt war. Adam sah in ihr eine Widerspiegelung seiner selbst und wurde von Jaldabaoths Bann befreit. Es war Christus, der durch Evas Vermittlung Adam dazu brachte, vom Baum der Erkenntnis zu essen.

Jaldabaoth versuchte daraufhin die Kontrolle über die Essenz des Lichts zurückzugewinnen. Dazu setzte er die menschliche Vermehrung in Gang und hoffte, mit spirituellen Scheinkräften bewohnte neue menschliche Körper entstehen zu lassen. Diese Scheinkräfte sollten die Menschenrasse verführen und sie in Unwissenheit halten, so dass sie sich ihm unterwarf. Das ist die Quelle alles Übels und aller Verwirrung und sorgt dafür, dass die Menschen noch heute sterben, ohne die Wahrheit zu finden und den wahren Gott zu kennen.

Einige Versionen des *Apokryphon des Johannes* erwähnen auch die Sintflutgeschichte. Jaldabaoth bereute, Menschen »erschaffen« zu haben, da sie ihm in mancher Hinsicht überlegen waren, weshalb er die Sintflut über sie bringen wollte.

Hier kann man zunächst die folgenden hypothetischen Vergleiche anstellen:

- Das Erste Wesen und Barbelo – Apsu und Tiamat.
- Sturz Jaldabaoths in dunkle Regionen – Abfall der ersten Anunnaki.
- Abwenden Jaldabaoths vom Ersten Wesen und Barbelo, um selbst »Gott« zu sein – der »Urmord« an Apsu und Tiamat (vgl. oben), wodurch die Anunnaki sich von ihnen abwandten.
- Die Erschaffung des Menschen rückgängig machen wollen – Enlils Verachtung der Menschen, die er lieber wieder »ent-schaffen« wollte.

Kishar, die (nach Tiamat und Lahamu) dritte Göttin der Schöpfungsgeschichte in *Enuma Elish*, wird auch als »Mutter Erde« aufgefasst. Könnte man sie mit der Sophia vergleichen? Wieder gibt es nur sehr wenige Informationen in den mesopotamischen Texten, so dass dies bestenfalls Spekulation sein kann. Sie war jedenfalls schon vor den Anunnaki da und die Mutter des Anu. Damit war sie die Großmutter Enlils, dessen Mutter Ki war, eine von Anus Gefährtinnen. Möglicherweise könnte man diese alternativ mit Norea gleichsetzen, der »aus der Gnade gefallenen Sophia«.

Beim Vergleich der gnostischen Texte mit 1Mos 2 wird offensichtlich, dass Jaldabaoth mit Jahweh (und somit Enlil) identisch ist. Er und seine Archonten dürften Anunnaki sein. Das erklärt auch die ungeheuerlichen Grausamkeiten im »Namen Gottes« im Alten Testament.

Beim Vergleich mit den mesopotamischen Texten und dem Alten Testament muss man bedenken, dass die Texte der Bibel projahwistisch sind und alles positiver ausmalen, was Enlil/Jahweh betrifft, während das Gnostische Christentum jahwehkritisch ist und es entsprechend anders darstellt. Letzteres dürfte deshalb in seiner eigenen Sprache auch Schöpfungsvorgänge vor dem Entstehen von Jaldabaoth/Jahweh enthalten, welche die anderen Texte lieber weglassen beziehungsweise den Schreibern vorenthalten wurde.

Eine Hypothese zu Jaldabaoth

Origenes war zwar selbst kein Gnostiker, stand ihnen aber nahe. Das von ihm dargestellte Weltbild [2] passt sehr gut zu dem der Gnostischen Christen und mag als Ergänzung angesehen werden.

Seiner Auffassung nach gibt es zwölf Ebenen im Universum. Zuoberst steht das göttliche Licht des Urschöpfers, darunter befinden sich neun Engelhierarchien [3], die 11. Ebene ist die der Menschen und die 12. die Ebene der Dämonen und Widersacher.

Er lehrte, dass wir am Anfang alle in der 1. und obersten Ebene existierten, und zwar als sehr große Zahl von »Lichtkindern«, die sich dort entwickelten und heranwuchsen.

Nun empfanden aber viele der »Lichtkinder« mit der Zeit Überdruss an ihrem Dasein im Licht. Es war ihnen zu eintönig, immer nur in Liebe zu sein, und sie wollten aus dem Licht heraus, um andere Erfahrungen machen zu können, die man dort nicht machen kann [4]. Vor allem aber wollten sie ihren gottgegebenen freien Willen voll ausleben können, denn im Licht setzt die Existenz dafür Grenzen. Die Wesen sind dort – bei aller Individualität – so eng miteinander verbunden, dass sie sich unmittelbar an den Gefühlen der anderen beteiligen. Täte ein »Lichtkind« etwas, was ein anderes Wesen verletzt, würde es sofort den Schmerz jenes Wesen mitempfinden (fast wie ein »Instant-Karma«). Deshalb tat man nicht alles, was man hätte tun können und was einige gern ausprobieren wollten.

Der Schöpfergott sagte ihnen, dies sei keine gute Idee, sie sollten nicht aus dem Licht heraus, obwohl er es ihnen, da sie den freien Willen hatten, ermöglichen könne. Also zog er sich zusammen (vgl. den kabbalistischen Begriff »Tzimtzum« [5]), so dass außerhalb vom Licht ein Bereich entstand, in dem es immer finsterer wurde, je weiter man sich vom Licht entfernte. In dieser Finsternis entstanden dabei neue Welten, besonders die oben genannten 11. und 12. Ebenen. Viele der Lichtkinder, die hinaus wollten, wurden anschließend auf der 11. Ebene in Körper versetzt wie in Gefängnisse [2], wonach sie auf dem Weg der Reinkarnation durch eine Verkörperung nach der anderen gingen, bis sie reif genug wurden, um endgültig in die Lichtwelt zurückkehren zu können und ohne weitere Inkarnationen dort blieben.

Man mag sich fragen, ob Jaldabaoths Entstehung wirklich nur ein »Schöpfungsunfall« war, denn der Schöpfergott würde wohl einen Fehler oder Irrtum nicht einfach so geschehen lassen. Vermutlich wird mehr dahinter stecken.

Als Antwort auf diese Frage ist mir die folgende intuitive »Eingebung« gekommen, die ich hier als Hypothese nicht unerwähnt lassen will: Die finsteren Regionen könnten zunächst leer gewesen sein, und es wurde darin erst eine Form von Organisation, von Struktur gebraucht, bevor die »emigrierenden Lichtkinder« dorthin gehen konnten. Dafür sollte ein geeigneter Administrator entstehen. Leider passte hierzu kein Lichtwesen aus der obersten Ebene, denn damit wäre der äußere Bereich nicht mehr wirklich finster gewesen. Es wurde ein Wesen benötigt, in dem das Licht verborgen und ihm unbewusst war, als einer ersten Trennung zwischen Hell und Finster, so wie es mit uns allen ist, die wir in diesem finsteren Bereich, in dem wir Menschen leben, das Licht nicht erkennen (denn wenn man sich an eine trübe Finsternis gewöhnt hat und nichts anderes kennt, kommt einem selbst das wie »Licht« vor).

Dieses Wesen war dann Jaldabaoth, der zuerst in die Finsternis hinausging und darin Welten entstehen ließ, in denen sich »Lichtkinder« aufhalten konnten.

Jaldabaoth und Jesus

Wie oben gezeigt, wird Jaldabaoth auch als ein Schöpfungsunfall aufgefasst, ein *Irrtum*. So wird er im gnostischen Text *Das Evangelium der Wahrheit* [6] sogar bezeichnet: »Dies ist das Evangelium dessen, nach dem man sucht, welches geoffenbart wurde denen, die vollkommen sind durch die Gnadenerweise des Vaters, das verborgene Mysterium, Jesus Christus. Durch dieses hat er die erleuchtet, die in Finsternis waren durch das Vergessen. Er erleuchtete sie; er zeigte (ihnen) einen Weg. Dieser Weg aber ist die Wahrheit, die er sie lehrte. *Deswegen hat der* Irrtum *seinen Zorn gegen ihn erhoben, er hat ihn verfolgt, er hat ihn gequält, er hat ihn vernichtet. Er wurde an ein Holz genagelt …*« (Hervorhebungen von mir.)

Jesus wusste und erzählte zu viel über Wahrheiten, die Jahweh uns vorenthalten will. Deshalb wurde später auch das aus dem inneren Kreis Jesu entstandene Gnostische Christentum bekämpft, und dessen Texte wurden zerstört – bis sie 1945 in Nag Hammadi wiedergefunden wurden.

Wenn Jesus vom »Vater« sprach, meinte er zweifellos den höchsten Schöpfer und *nicht* Jahweh!

Ist Christus auch in mesopotamischen Texten zu finden?

Die (in der Bibel fehlende) Vorgeschichte zur Erschaffung der Anunnaki wird zwar erzählt, aber nur äußerst knapp, und es hat ganz den Anschein, dass Christus entstand, bevor es die Anunnaki gab. Die einzige Wesenheit in den mesopotamischen Texten, die zum Vergleich mit Christus infrage käme, dürfte wohl Mummu sein, der direkt aus dem Urschöpferpaar Apsu-Tiamat hervorging. Über ihn wird aber so gut wie nichts weiter berichtet, so dass ein Vergleich nicht recht möglich ist. Da *Enuma Elish* und die anderen Texte fast nur die Geschichte der Anunnaki enthalten und Christus (Autogenes, s.o.) sich sozusagen außerhalb dieser Geschichte befindet, kann es durchaus sein, dass er in jenen Texten tatsächlich nie erwähnt wurde, so wenig wie parallele Entwicklungen anderer Schöpfungslinien, die zum Entstehen anderer Zivilisationen führten. Der »Schöpfungsbaum« wird sicher mehrere Äste haben, die uns unbekannt sind.

Auch wenn Mummu in *Enuma Elish* anfangs als Bösewicht dargestellt wird, muss man dies doch im Lichte der oben erwähnten Umkehrung von Gut und Böse betrachten, die eine Taktik der Anunnaki sein dürfte. Auf der 7. Tafel wird Mummu als Schöpfer von Himmel und Erde erwähnt (dann wohl als Mitarbeiter von Apsu und Tiamat) und als Helfer und Beschützer der Menschen, der den Himmel und die Unterwelt heiligt (rein erhält).

Waren die Gnostiker wirklich Christen?

Was das Gnostische Christentum betrifft, gibt es zwei Schulen der heutigen theologischen Wertung (nach der *Theologischen Realenzyklopädie* [7]):

- Die herkömmliche deutsche Schule geht davon aus, dass das Gnostische Christentum aus einer vorchristlichen Gnosis entstanden und deshalb nicht wirklich christlich ist.
- Die angelsächsische und französische Schule hält hingegen die Behauptung von einem Ursprung in einer vorchristlichen Gnosis für subjektiv und spekulativ, da dies *nicht nachgewiesen* ist. Die Position dieser Schule ist, *dass keiner der Texte die Annahme einer vorchristlichen Gnosis erlaubt, auch nicht Vorstufen.*

Die deutsche Haltung hat sich besonders durch bahnbrechende kritische Arbeiten von Carsten Colpe der letzteren angenähert. Man kann inzwischen fast von einer eingeschränkten versteckten Sympathie der modernen Theologen für das Gnostische Christentum sprechen. [7] Die Behauptung, dass die christlichen Gnostiker keine echten Christen waren, lässt sich in dieser Form jedenfalls nicht mehr aufrecht erhalten.

Merkmale des Gnostischen Christentums [7]:

- Ein radikaler Dualismus, der diese Welt als böse betrachtet und unter der Herrschaft feindlicher Mächte sieht.
- trifft eine Unterscheidung zwischen dem unbekannten, transzendenten und wahren Gott und dem Demiurgen oder Schöpfer *dieser* Welt (Jahweh).
- Der Mensch ist seiner wahren Natur nach dem Göttlichen wesenhaft gleich.
- Es formuliert den Mythos von einem vorweltlichen Fall, der den gegenwärtigen Zustand des Menschen erklärt.
- Durch die Gnosis erlangt der Mensch auf dem Weg der Einsicht in seine wahre Natur und seinen himmlischen Ursprung die Befreiung.

Letzteres hat übrigens nichts mit der in der kirchlichen Theologie verpönten »Selbsterlösung« zu tun, eine Vorstellung, die man manchen – darunter gewissen esoterischen – Strömungen vorwirft. Dieser Vorwurf greift auch viel zu kurz. Wahre Erlösung kann es nur auf einem Weg geben, den der höchste Gott dafür eingerichtet hat. Wie sollte es sonst eine *Erlösung* sein?

Und dazu ein passender Beleg: Das Wort »gnostisch« kommt vom griechischen Wort *gnorízo*, das »erkennen, wissen« bedeutet. Es bezeichnet also wörtlich »wissende Christen«. Demgegenüber kommt man leicht in die Versuchung, die anderen etwa als »unwissende Christen« aufzufassen (oder mit einem modernen Begriff fast als »Christentum light«) ...

Die paulinische Lehre wird mit ihrer Vorstellung von Errettung durch die Hand Gottes nicht nur eine persönliche Abwandlung von Jesu Lehre sein, sondern sich auch auf den *äußeren* Kreis um Jesus beziehen, wo er manche Dinge nicht erwähnte. Vgl. sein Wort: »Noch vieles habe ich euch zu sagen, aber ihr könnt es jetzt nicht tragen« (Joh 16,12). Denn schon bevor Paulus mit seiner Verkündung begann, setzte eine andere christliche Bewegung ein, die allmählich groß und stark werden sollte: eben das Gnostische Christentum.

Dieses *Urchristentum* wird sich eher auf den *inneren* Kreis bezogen haben, wofür die erst im 20. Jahrhundert wiedergefundenen gnostischen Schriften sprechen.

Sie künden davon, dass die Gnostischen Christen so manches wussten, was Jesus nicht öffentlich erwähnte, aber sehr wohl seinen Jüngern gesagt hat.

Wer ist der Teufel?

Manche assoziieren mit diesem Namen möglicherweise den Begriff »Tiefe« (etwa weil der »Tiefling« derjenige aus der Tiefe ist), und in einigen Mundarten (vor allem schweizerdeutschen) heißt »tief« tatsächlich »teuf«. Das Wort Teufel kommt aber vom griechischen *diábolos* = »Verleumder«, »Ankläger«, oder auch »Entzweier«, »Trenner«, »Hindurchwerfer«. Man nennt ihn oft Satan, vom Hebräischen *satan* = »Gegner«, »Widersacher« oder »Ankläger«. Aber wer ist er?

In Hiob 1,6 wird er als einer der »Söhne der ’Elohim« beschrieben. In den *Büchern der Geheimnisse des Henoch* [8] (auch *Das 2. Buch Henochs* genannt) 18.3 wird er als Satanael und einer der Wächter [9] (vgl. Nephilim [10]) bezeichnet, der aus dem Himmel geworfen wurde.

Drei Zitate, die zum Nachdenken anregen:

1. »Gottes schreckliche Verborgenheit, als Uneindeutigkeit und Ungewissheit erfahren, liegt darin, dass er Böses *wie* Gutes wirkt (Thr [Klagelieder] 3,38), Leben *wie* Tod, Licht *wie* Finsternis (Jes 45,7), Glück *wie* Unglück (Am 3,6). Schönheit und Grausamkeit sind in Natur und Geschichte für uns unentwirrbar ineinander verschlungen.« (*Martin Luthers Theologie: eine Vergegenwärtigung* [11])
2. »Gemäß ihrer Kritiker bezeichneten diese Häretiker den abrahamitischen Gott verschiedentlich als einen ›bösen Engel‹, ›den Teufelsgott‹, ›den Prinz der Finsternis‹, ›die Quelle allen Übels‹, ›den Teufel‹, ›einen Dämon‹, ›einen grausamen, zornigen, kriegerischen Tyrann‹, ›Satan‹ und ›das Ungeheuer des Offenbarungsbuches‹.« [12]
3. »Löst die paradoxe Aussage, von JHWH komme beides: das Licht und die Finsternis, das Heil und das Unheil (Jes 45,7) – löst sie das Problem, oder kapituliert sie vor ihm?« [13]

Von welchem Problem ist hier die Rede? Nun, vom Problem von Gut und Böse, besonders dem des Bösen. Wie kann Jahweh *beides* sein? Ist er sein eigener Widersacher? Wenn er sich schon als der »Schöpfer« ausgibt und die Rolle des Urschöpfers kapert, kann er wohl auch die Rolle des Gegners kapern. Etwa: Ihr braucht weder Gott noch Teufel, nur mich, denn ich bin beides. Ein raffinierter Schachzug!

Wie die Bibel und andere Texte sagen, war Satan ein eitler und überheblicher Engel, der sich für mehr als Gott hielt und deshalb aus der göttlichen Lichtwelt hinausgeworfen wurde, um in eine finstere Region zu fallen. Das hat Parallelen mit den Behauptungen in verschiedenen Texten, dass Jahweh und Satan eigentlich einer und derselbe seien, so dass man Satan als ein verborgenes Gesicht des Jahweh verstehen könnte, denn der »überhebliche Engel« könnte sehr wohl der Jaldabaoth der Gnostischen Christen sein.

Der Teufel, sei er Satanael oder Satan genannt, wurde wegen seiner Überheblichkeit hinabgestürzt: Jesaja 14,13-14: »Gedachtest du doch in deinem Herzen: ›Ich will in den Himmel steigen und meinen Stuhl über die Sterne Gottes erhöhen; ich will mich setzen auf den Berg der Versammlung in der fernsten Mitternacht; ich will über die hohen Wolken fahren und gleich sein dem Allerhöchsten.‹«

Hier drängt sich also die Frage auf: Ist Satan mit Jahweh identisch – wie einige gnostische Texte anzudeuten scheinen –, oder ist er einer der Archonten? Er könnte vielleicht nach dem Fall zu einem der Archonten geworden sein, aber dann mit Jahweh eng verbunden. Der folgende Gedanke ist mir intuitiv in den Sinn gekommen: Sie spielen gemeinsam ein intrigantes Spiel. Satan erscheint als Widersacher des Jahweh für den machiavellischen Zweck von *divide et impera* – trennen und herrschen. Es könnte somit zwei Wege geben: den Weg des Jahweh und den Weg Satans, die aber schließlich ins Gleiche münden, dorthin, wohin viele Menschen auf dem einen oder dem anderen Weg gehen … Das wäre eine raffinierte Taktik mit einer »Wahlfreiheit«, die am Ende doch keine ist. Ist das vielleicht die Antwort? In dem Fall ist der wahre Weg keiner von beiden, sondern sozusagen ein Weg über ihre Köpfe hinweg …

Und wer ist dann Luzifer?

In Herders Laien-Bibel wird Jesaja 14,12 wie folgt wiedergegeben: »*Wie bist du vom Himmel gefallen, Luzifer, Sohn der Morgenröte!*« So auch in der englischen King James Version: »How art thou fallen from heaven, O *Lucifer*, son of the morning!« Die Übersetzung von Luther lautet: »*Wie bist du vom Himmel gefallen, du schöner Morgenstern! Wie bist du zur Erde gefällt, der du die Heiden schwächtest!« In der Elberfelder Bibel: »Wie bist du vom Himmel gefallen, du Glanzstern, Sohn der Morgenröte! zur Erde gefällt, Überwältiger der Nationen!« Nur wenige Übersetzungen haben hier Luzifer. Die meisten verwenden Morgenstern oder Entsprechendes.*

Das hebräische Wort, das als »Lucifer/Luzifer« übersetzt wurde, ist *hejlel*, »der Strahlende«, abgeleitet von *helal* = »strahlen«. Genauer finden wir es in Jesaja 14,12: »… [du] Strahlender, Sohn der Morgenröte«. Die Assoziation mit dem *Morgenstern* ist eine *Interpretation* und die Übersetzung als *Luzifer* ebenfalls. Wer mit dem *Strahlenden* gemeint ist, bleibt *unklar*. Luzifer wird als Name nirgendwo in der Bibel verwendet. Das Wort *lucifer* (Lichtträger, Lichtbringer) ist lediglich die lateinische Übersetzung von *hejlel* und nicht einmal ein Name. Im griechischen Neuen Testament lautet die Übersetzung *phosphoros* (Lichtbringer) oder *eosphoros* (Morgenstern). In der lateinischen Vulgata-Bibel steht manchmal auch »Sohn des Shahar«. Shahar ist der Gott der Morgenröte und sein Bruder Shalim der Gott der

Dämmerung im Pantheon des kana'anitischen Ugarit. Sie sind Söhne von El und gelten als Venusgötter (vgl. [14]).

»Einer aber von der Ordnung der Erzengel, sich abgewandt habend mit der Ordnung, welche unter ihm, empfing einen unmöglichen Gedanken, dass er setze seinen Thron höher als die Wolken über der Erde, damit er gleich werde meiner Kraft. Und ich warf ihn hinab von der Höhe mit seinen Engeln. Und er war fliegend in der Luft beständig über dem Abgrund.« *Die Bücher der Geheimnisse des Henoch* (auch *Das 2. Buch Henochs*) 29.3-4. [8]

Vgl. Luk 10,18: »Er [Jesus] sprach aber zu ihnen: Ich sah wohl den Satan vom Himmel fallen wie einen Blitz (*astrapen*, helles Licht).« Hier hat der griechische Text *satanas*, aber die Frage bleibt offen, welches Wort Jesus in seiner Sprache gebraucht hat. Das griechische Wort ist ja eine Übersetzung aus einem uns nicht vorliegenden aramäischen Text.

Gibt es denn einen Unterschied zwischen Satanael, Satan und demjenigen, der Luzifer genannt wird? Ich fand einen möglichen Hinweis hier: »Satanael (der ungefallene Luzifer) hatte das geheime Wissen, Satan fälschte es.« (*The Gnostic Handbook*, S. 155, nicht in allen Versionen vom Text [15]). Ist also Satan der gefallene Luzifer?

Im Bogomilismus, einer frühen gnostischen Bewegung, hielt man Satanel für den Schöpfer der physischen Welt mit all ihrem Leid und Elend, der Adam erschuf und Eva mit Kain und seiner Zwillingsschwester Calomena schwängerte [16]. Er unterdrückt die Menschheit, die ihn anstelle des wahren Gottes verehren soll. Das erinnert sehr an Jaldabaoth.

Hier geraten Satan und Luzifer durcheinander. Es ist ein Verwirrspiel, das man nicht leicht durchschauen kann.

Was ist mit den Engeln?

Die Bezeichnung Engel leitet sich vom Griechischen *angelos* = »Bote, Botschafter« ab, Hebräisch *mal'ach*. Sie werden meistens entweder als männlich oder geschlechtslos aufgefasst. Letzteres vor allem wegen Jesu Aussage in Mark 12,25: »Denn wenn sie aus den Toten auferstehen, heiraten sie nicht, noch werden sie verheiratet, sondern sie sind wie die Engel im Himmel.« Ehelosigkeit muss aber nicht mit Geschlechtslosigkeit gleichgesetzt werden. In Sacharja 5,9 wird über weibliche Engel berichtet: »Als ich aufblickte und hinsah, da traten zwei Frauen hervor und ein Wind füllte ihre Flügel – sie hatten nämlich Flügel wie Storchenflügel – und sie trugen das Fass zwischen Erde und Himmel fort.«

Der Engel Gabriel wird nicht selten für weiblich gehalten (Gabriele, Gabrielle), obwohl dies in unserer patriarchalischen Theologie verpönt ist. Manche halten diesen Engel für wenig positiv, da er (oder sie) gemäß islamischer Überlieferung mit physischer Gewalt Mohammed zum Schreiben des Korans zwang. Andererseits war es im Neuen Testament Gabriel, der in Luk 1,26-38 Maria erschien und sie über die bevorstehende Geburt von Jesus aufklärte. Deshalb meinen einige, dass es sich hier nicht um die gleiche Gestalt handeln würde, sondern dass in der Geschichte von Mohammed ein Dämon sich als Gabriel (Jibra'il) ausgab. In der gnostischen Schrift *Pistis Sophia* [17] Kapitel 7-8 (beziehungsweise 1. Buch 12-13) wird erwähnt, dass Christus (Autogenes) die Gestalt des Gabriel annahm, um nicht von den Archonten des Jaldabaoth erkannt, sondern für Gabriel gehalten zu werden, und dass er dann: »... fand Maria, welche ›meine Mutter‹ gemäß dem materiellen Körper genannt wird; ich sprach mit ihr in der Gestalt des Gabriel …«

Manche Verfasser tendieren dazu, den Begriff Engel zu einer Bezeichnung überhaupt für Außerirdische zu verallgemeinern, insbesondere von Anunnaki. Es wird wohl bei den »Wächtern« – beziehungsweise den Archonten des Jaldabaoth und den von ihm erschaffenen »Engeln« – durchaus zutreffen, sie als »gefallene Engel« zu betrachten, aber es gibt zweifellos auch sehr viele Lichtwesen in höheren Regionen sowie uns wohlgesinnte mehrdimensionale Außerirdische.

Wer sind Enki und Enlil?

Wer sind dann also Enki und Enlil? Wie Parks (s.o.) [18] und andere zeigen, lässt es sich kaum bezweifeln, dass Enlil derjenige ist, der in der Bibel Jahweh genannt wird. Wer ist aber der eher wohlwollende Enki? Es ist behauptet worden, dass er Luzifer sein könnte. In dem Fall offensichtlich von Satan zu unterscheiden.

Wie weiter oben erwähnt, bedeutet gemäß Parks *shatam* auf Sumerisch Großadministrator für die Regionen der »Götter« und ist dadurch auch eine Bezeichnung für Enlil. Nun wird es etwas verworren …

Bringen wir einen anderen interessanten Autor ins Spiel: Michael Tellinger. Wenn er in *Die Sklavenrasse der Götter* [19] über Enki schreibt, bezieht er sich nicht selten auf Sitchins *Das verschollene Buch ENKI* [20], das, wie ebenfalls oben erwähnt, Parks und andere berechtigterweise für eine Erfindung halten (S. 90).

Tellinger schreibt über Enlil (S. 436), dass er gegen die »Erschaffung« von Menschen auf der Erde war und sie durch die Sintflut beseitigen wollte. Aber da viele Menschen überlebten – durch Intervention von Enki, wie die Tontafeln berichten –, nahm er sich vor, sie durch Angst und heftige diktatorische Maßnahmen zu kontrollieren. Er wollte ihr »Gott« sein und sie durch Einschüchterung und blutrünstige Gewalt beherrschen. Er wollte die Menschheit auch unentwickelt, ignorant und dumm halten, damit sie gehorchte, ohne zu viele Fragen zu stellen (S. 441). Da er sich im Rang über Enki erhob, fühlte er sich frei, mit den von Enki »erschaffenen« Menschen zu verfahren, wie es ihm beliebte. Im Zuge der Auseinandersetzungen mit seinem Bruder verleumdete er Enki als Schlange und Teufel und verbot allen den Umgang mit ihm. Dennoch belehrte Enki die Menschheit auf verschiedene Weise, um sie zu erheben, womit er das Verbot übertrat.

Die Dinge scheinen in der Tat absichtlich verworren zu sein, um den Durchblick zu erschweren. Heute wird so etwas Desinformation genannt …

Was Luzifer und Satan angeht, bin *ich* jedenfalls zu der Auffassung gelangt, dass sie *nicht* ein und derselbe sind. Jahwistische Interessen wollen uns vielmehr glauben machen, dass dem so sei, weil Luzifer in Wahrheit ein Gegner Jahwehs sein dürfte. Folglich wäre Satan eher ein verborgenes Gesicht des Jahweh selbst. Es wurde und wird immer noch behauptet, dass Luzifer nicht wirklich böse sei, sondern aus politischen Gründen nur als böse dargestellt werde, da er Wissen und Erleuchtung (eben Licht) bringe, welche die Menschen nicht hätten haben sollen – und so habe er schließlich Jahwehs Pläne durchkreuzt.

Durchaus besorgniserregend ist aber, dass es in der Menschheit verschiedene sich als luziferisch bezeichnende Orden gibt (man findet einiges darüber im Internet), die hinsichtlich ihrer Rituale und magischen Praktiken sehr wohl geradezu satanisch vorgehen, bis hin zu Opferungen. Einige dieser Orden behaupten ungeheuerlicherweise sogar, auf einem *luziferischen Gnostizismus* zu beruhen (keinesfalls mit dem Christlichen Gnostizismus zu verwechseln!).

Es scheint, dass die beiden Bezeichnungen Luzifer und Satan aus taktischen Gründen durcheinender gebracht werden. Dabei gibt es auch einige wenige Orden, die zumindest auf den ersten Blick einen fast schon ehrlichen Eindruck machen und moralisch möglicherweise relativ anständig sind. Solche Unklarheiten und Verirrungen werden zweifellos aus den Interessen Jahwehs und der sich selbst als christlich bezeichnenden Kirche heraus entstanden sein, um die Menschen glauben zu machen, *dass die Zwei eins seien.*

Ein Spiel Jahwehs, um Unsicherheit und Verwirrung zu erzeugen? Immerhin mögen solche politischen Intrigen dazu geführt haben, dass wir effektiv *zwei* Begriffe von Luzifer haben: einen eigenständigen und einen, der als Synonym für Satan gebraucht wird. Meiner Überzeugung nach liegt hier sehr wahrscheinlich eine absichtlich herbeigeführte Namensverwirrung vor, um die tatsächlichen – *wahren* – Zusammenhänge zu verschleiern.

Bedenkenswert ist auch, dass es immer mehr Gerüchte über Satanismus im Vatikan gibt. So erschien in Italien unter dem Pseudonym »I Millenari« das Buch *Via col vento in Vaticano*, das für sehr viel Aufregung sorgte. Hinter dem Pseudonym soll sich eine ganze Gruppe (aus Gründen des Selbstschutzes) anonymer Kirchenmänner verbergen, gegen die es zu einer Gerichtsklage kam. Aber nur einer von ihnen konnte im Laufe des Verfahrens identifiziert werden. 2001 erschien schließlich ein weiteres Buch der Gruppe: *Fumo di Satana in Vaticano* (Satansrauch im Vatikan). In beiden Büchern wird von angeblich geheimen satanistischen Ritualen und Satans-Verehrung im Vatikan berichtet [21]. Es wird gemunkelt, dass Nonnen das Buch in italienischen Buchläden gestohlen haben, da sie es nicht offen zu kaufen wagten.

Höchst bedenklich ist in diesem Zusammenhang auch das Exultet-Gebet zu Ostern im Vatikan: »*Flammas eius lucifer matutinus inveniat ille, inquam, lucifer, qui nescit occasum Christus Filius tuus, qui regressus ab inferis, humano generi serenus illuxit, et tecum vivit et regnat in saecula saeculorum.*« Übersetzt lautet es: »Sie leuchte, bis Luzifer erscheint, jener wahrer Luzifer, der in Ewigkeit nicht untergeht: dein Sohn [!], unser Herr Jesus Christus, der aus der Unterwelt [!] zurückkehrt, der den Menschen erstrahlt im österlichen Licht; der mit dir lebt und herrscht in Ewigkeit.« (Von mir wörtlicher aus dem lateinischen Text übertragen, als es bei der üblichen »vorsichtig« übernommenen Fassung der Fall ist.) Meint man hier nicht vielleicht durchgängig Satan und hält die beiden für ein und denselben? Oder haben wir es wieder mit der bereits erwähnten absichtlich herbeigeführten Namensverwirrung zu tun?

Satan fiel aus der göttlichen Welt, und so tat es auch Jaldabaoth = Jahweh. Sophia fiel aus der Gnade des Ersten Wesens und brachte ihr Licht in die dunkleren Regionen, nun Norea genannt. Ist Jaldabaoth mit Satan gleichzusetzen, und bezieht sich Norea nicht vielleicht auf Luzifer? Da Luzifer auch als Venus (Morgenstern) bezeichnet wird, könnte es möglicherweise passen.

Wir möchten deshalb die Aussage, dass der menschenfreundliche Enki, der bestimmte Pläne von Enlil/Jahweh durchkreuzte, ein durchaus wohlwollender Lichtbringer sein *könnte*, einmal als *Hypothese* annehmen. Es ist behauptet worden, dass Enki mit Satan gleichzusetzen sei, was nicht besonders gut zu seinem Charakter passt. Da passt es schon besser, ihn mit jemand gleichzusetzen, der *Licht* bringt – und Enlil dem Satan zuzuordnen.

Licht in die Finsternis zu bringen müsste doch eigentlich gut sein, und wenn jemand mit dieser Aufgabe hierher gesandt wurde, wäre sicher zu erwarten, dass Enlil/Jahweh ihn als Teufel verleumden würde …

Dennoch: Wir kommen hier nicht über einige Denkanstöße hinaus. Für eine befriedigende Schlussfolgerung reicht es leider nicht aus. Wir müssen die tatsächlichen Zusammenhänge offen lassen, *aber man bedenke, dass jeder Teufel sich als »Gott« darstellen möchte und jeder »Gott« den Gegner als »Satan« bezeichnet … Es ist das gleiche Spiel auf beiden Seiten. Ein Feindbild ist für jede Politik immer brauchbar … weil* Angst *ein so effektives Manipulationsmittel ist! Wenn Menschen* Angst *haben, lassen sie alles mit sich machen …*

Wer sind die Archonten?

Im Gnostischen Christentum ist viel von den Archonten die Rede. Wer sind sie? Jaldabaoth wird als Oberarchon bezeichnet, der sieben Archonten erschaffen hat, die ihm zu Diensten sein sollen. Sie werden auch als Hebdomad bezeichnet, was mit »die Sieben« übersetzt werden kann. Das Wort *archon* ist Griechisch und bedeutet hier »hoher Beamter« (aber in einem anderen Zusammenhang auch »Prinzip«). Der »hohe Beamte« Jaldabaoth erschuf sieben Kräfte und 365 Engel. Letztere gehören demnach nicht zu den hohen Lichtengeln ...

Die Archonten sind Agenten Jaldabaoths, an dessen »Schöpfungen« sie mitwirken. Sie sind spirituell primitiv und beneiden die Menschen um ihre Seele und Fähigkeiten, die wir im Grunde zwar haben, aber nur sehr begrenzt nutzen. Sie wollen uns in unseren Talenten einschränken, indem sie uns an manchen menschlichen Aktivitäten hindern und dahingehend manipulieren, dass wir nicht vom »Baum der Weisheit« (s.o.) essen. Mit Vorliebe halten sie eine Scheinwelt aufrecht, in der sie uns von der wahren Realität abschirmen.

Ein wichtiges Ziel im Gnostischen Christentum ist es, nach dem Tod an den Archonten vorbeizukommen und über sie hinaus zu gelangen. Sie wollen nämlich, dass wir in dieser Welt bleiben und abermals hier inkarnieren. Außerdem ernähren sie sich von unseren Lebenskräften und emotionalen Energien.

Diese Beschreibung macht deutlich, dass es sich um Anunnaki handelt.

Die Symbolik der Schlange

Die Schlange wird meistens als ein Symbol des Bösen gesehen, steht aber auch für Weisheit, Leben und Heilkunde sowie für Fruchtbarkeit und den Schutz heiliger Orte. Zwei sich spiralig umeinander windende Schlangen sind Enkis

Symbol. In der Bibel fordert die Schlange Eva zum Essen vom Baum der Erkenntnis auf, wodurch sie und Adam sich spirituell öffnen können.

Zitieren wir das *Apokryphon des Johannes* [1]: »›In Bezug auf den, welchen sie nannten: ›Baum der Erkenntnis des Guten und des Bösen‹, welcher die Epinoia [Essenz] des Lichtes ist … Ich [Christus] aber war es, der sie hingestellt hatte, zu essen.‹ Und ich [Johannes] sagte zu dem Erlöser: ›Herr, ist es nicht die Schlange, die Adam zu essen lehrte?‹ Der Erlöser lächelte und sagte: ›Die Schlange lehrte sie zu essen durch Schlechtigkeit der sexuellen Begierde und Zerstörung, damit er [Adam] für ihn [den Archon] und sie [die Schlange] nützlich sei. Und er [Jaldabaoth] wusste, dass er ihm ungehorsam war wegen des Lichtes der Epinoia, die in ihm ist, die ihn in seinem Denken mehr verbessert hat als der Erste Archon [Jaldabaoth]. Und er wollte die Kraft herausbringen, die er ihm selbst gegeben hatte. Und er brachte ein Vergessen [den Schlaf] über Adam.«

Ich erwähnte ja bereits, dass man die Schlange im Garten Eden mit Enki in Verbindung gebracht hat [22]. Entsprechend zeigt das Zitat aus dem *Apokryphon des Johannes*, dass die Schlange nicht nur das Böse symbolisiert, sondern eher doppelsinnig ist, denn hier handelt sie zweifelsfrei nach dem Willen Christi.

Das Zitat aus dem *Apokryphon des Johannes* erinnert an eine apokryphe alttestamentarische Schrift, die *Apokalypse des Moses* oder *Leben Adams und Evas*, in der kurz zusammengefasst Folgendes steht (gekürzt nach [23]):

Da sprach der Teufel zur Schlange, er habe gehört, sie sei klüger als alle anderen Tiere. Er habe einen Plan, wodurch Adam aus dem Paradies vertrieben würde. Die Schlange erwidert, dass sie Gottes Zorn fürchte, der Teufel beruhigt sie aber, er werde durch ihren Mund sprechen. Eva begegnet dann der Schlange an der Mauer des Paradieses. Die Schlange fragt Eva, was sie so esse, und sie antwortet, sie esse alles, außer von dem einen Baum in der Mitte des Paradieses. Die Schlange bedauert Evas Unvernunft und sagt, wenn die Menschen davon äßen, würden sie wie Götter, und Gott habe nur aus Neid den Genuss verboten. Darauf lässt Eva die Schlange in das Paradies ein. Sie will Eva erst dann von der Frucht zu essen geben, wenn sie schwört, auch Adam essen zu lassen. Die Schlange vergiftet aber mit Gier und Bosheit die Frucht, die sie Eva gibt. Als Eva gegessen hat, erkennt sie, dass sie entblößt von Gerechtigkeit ist, die sie zuvor als Glorie bekleidete. Alle Blätter von den Bäumen des Gartens in ihrem Teil sind abgefallen, nur der Feigenbaum (der Baum, von dem sie aß), behielt seine Blätter, aus denen Eva sich nun einen Schurz macht. Sie ruft Adam und überredet ihn, er würde wie Gott sein und Gut und Böse erkennen, und auch Adam isst schließlich. Adam erkennt, was geschehen ist, und macht Eva Vorwürfe.

Welches Wort im wahrscheinlich nicht mehr vorhandenen Originaltext auf Aramäisch hier als »Teufel« übersetzt wurde, wird heute wohl kaum noch zu klären sein. Im Vergleich mit dem gnostischen Text kann man aber die schon erwähnte taktische Umkehrung von Gut und Böse vermuten, da der Verfasser des Textes offensichtlich der Überzeugung ist, der wahre Gott ist Jahweh/Enlil. Wer gegen ihn ist und obendrein noch Adam aus dem eingelullten unmündigen Frondienst befreien will, muss für ihn ein Teufel sein. Der Teufel ist immer der andere … Gleich von welcher Seite aus gesehen, es scheint wohl jeweils wechselseitig zu sein.

Wie Tellinger schreibt ([19], S. 174): »Nach einem Streit mit seinem Bruder Enlil über die Höherentwicklung von Adam und Eva erkannte ... Enki, dass sein Bruder Enlil die Verleumdungskampagne gegen ihn als Schlange, und damit Symbol des Bösen, gnadenlos weiter betreiben würde.«

Dass die durch die Schlange von woandersher vermittelte Botschaft sich als wahr herausgestellt hat, bestätigt ja die Bibel selbst: »Und Gott der HERR sprach: Siehe, Adam ist geworden *wie unsereiner* und weiß, was gut und böse ist.« (1Mos 3,22).

Im Hebräischen ist *nachash* ein Wort für Schlange, aber es bedeutet auch »deuten, herausfinden, entziffern«. *Saraph* bezeichnet eine giftige Schlange. Aus diesem Wort ist *seraphim* abgeleitet, das eine Klasse von leuchtenden Engeln bezeichnet, eigentlich »geflügelte Schlangen« (diese Etymologie ist allerdings umstritten, wenn auch wohl eher deshalb, weil sie einigen Menschen nicht gefällt), und *nachesh* (also etwas anders vokalisiert) bedeutet unter anderem »leuchten«. Vgl. *hejlal* und *helal* oben. Da kann man wieder spekulieren …

Es gab eine Randbewegung im Gnostizismus, die Ophiten oder Naassener (vgl. *nachash*) [24], welche die Schlange deshalb hochschätzten, weil sie in Eden Jahweh überlistete und Eva und Adam zur Weisheit führte. Entsprechend heißt ja auch der sogenannte »Baum der Erkenntnis« richtig aus dem Hebräischen übersetzt: *Baum der Weisheit* (s.o.)!

Außerdem sagte Jesus (Matt 10.16): »Siehe, ich sende euch wie Schafe inmitten von Wölfen; so seid nun klug wie die Schlangen und einfältig wie die Tauben.« Wer nur wegen der Schlange den Gnostizismus verleumden will, verhält sich wohl eher wie die Tauben …

Wichtige Bemerkung zum Gnostizismus

Man findet heute auch verdrehte Formen von Gnostizismus, die sich (wie oben bereits erwähnt) sogar als luziferischer Gnostizismus bezeichnen und mit dem ursprünglichen wahren Gnostischen *Christentum* nichts zu tun haben.

Es wird heute gerade in unserer Zeit leider sehr viel *Desinformation* über den christlichen Gnostizismus betrieben, offensichtlich im Bestreben, die etablierten Machtsysteme zu bewahren und von bedrohlichen Wahrheiten abzulenken [25]. Nur die alten gnostischen Texte aus den ersten Jahrhunderten sind ernst zu nehmen. Es entwickelten sich damals und seitdem allerdings etwas unterschiedliche Richtungen des Gnostischen Christentums. Eine ist beispielsweise der sethianische Gnostizismus, dessen Bezeichnung sich auf den dritten Sohn Seth von Adam und Eva bezieht (vgl. oben zu Kain, Abel und Seth). Die Verleumder wollen jedoch behaupten, dass es sich um den altägyptischen Gott Seth handeln würde …

Referenzen

1. Nach *Das Apokryphon des Johannes* (auch: *Das Geheime Buch des Johannes*) und anderen gnostischen Schriften, in: *Bibel der Häretiker. Die gnostischen Schriften aus Nag Hammadi*, hrsg. v. Gerd Lüdemann & Martina Janßen, Radius Verlag, Stuttgart 1997, und http://gloriadei.info/001a/docs/NH/Nag_Hammadi_-_Luedemann-Janssen.pdf sowie http://web.archive.org/web/20070907084312/wwwuser.gwdg.de/~rzellwe/nhs/nhs.html. Auf Englisch: *The Nag Hammadi Library in English*, hrsg. v. James M. Robinson, Harper & Row, San Francisco 1977, sowie http://www.gnosis.org/naghamm/nhl.html. Dazu auch verschiedene Artikel in

Wikipedia (englische Version) über Gnostizismus und verwandte Gebiete.
2. *Origenes' vier Bücher von den Prinzipien*, übers. v. Herwig Görgemanns & Heinrich Karpp, Wissenschaftliche Buchgesellschaft, Darmstadt 1983.
3. Pseudo-Dionysius Areopagita: *Über die himmlische Hierarchie. Über die kirchliche Hierarchie*, übers. v. Günter Heil, Anton Hiersemann, Stuttgart 1986. Auch im Internet: http://www.esoteric.msu.edu/VolumeII/CelestialHierarchy.html, https://www.unifr.ch/bkv/kapitel3682.htm und http://de.wikipedia.org/wiki/Engel.
4. Siehe [2], Anhang S. 823.
5. https://de.wikipedia.org/wiki/Tzimtzum
6. Siehe [1] und *Das Evangelium der Wahrheit*: http://www.gerd-albrecht.de/Die%20Gnostischen%20Schriften/Das%20Evangelium%20der%20Wahrheit.htm.
7. *Theologische Realenzyklopädie*, hrsg. v. Gerhard Müller, Bd. XIII, Walter de Gruyter, Berlin 1984, zum Gnostizismus: S. 519-550.
8. *Die Bücher der Geheimnisse Henochs*, hrsg. v. G. Nathanael Bonwetsch, J. C. Hinrichs'sche Buchhandlung, Leipzig 1922. Enthalten in: https://archive.org/details/diebcherdergeh00leip.
9. https://en.wikipedia.org/wiki/Watcher_%28angel%29
10. https://de.wikipedia.org/wiki/Nephilim
11. Oswald Bayer: *Martin Luthers Theologie. Eine Vergegenwärtigung*, Mohr Siebeck Verlag, Tübingen 2004, S. 181.
12. https://en.wikipedia.org/wiki/God_as_the_Devil
13. Walter Dietrich in: *Ein Gott allein? JHWH-Verehrung und biblischer Monotheismus im Kontext der israelitischen und altorientalischen Religionsgeschichte*, 13. Kolloquium der Schweizerischen Akademie der Geistes- und Sozialwissenschaften, hrsg. v. Walter Dietrich und Martin A. Klopfenstein, Universitätsverlag, Freiburg 1994 (CH).
14. *The Ancient Ugaritic Ritual-Poem of Shahar and Shalem and the Gracious Gods*: http://web.archive.org/web/20091026224536/http://www.geocities.com/SoHo/Lofts/2938/ShShrit.html
15. *The Gnostic Handbook*: http://www.themasonictrowel.com/ebooks/Gnostic/Gnostic.pdf
16. http://demonology.enacademic.com/490/Satanael
17. *Koptisch-Gnostische Schriften, Bd.1: Die Pistis Sophia*, hrsg. v. Carl

Schmidt, Akademie-Verlag, Berlin 1981 (Nachdruck der Ausgabe der J. C. Hinrichs'schen Buchhandlung, Leipzig 1905), Kapitel 30-32 und 102. Auf Englisch: https://archive.org/details/pistissophia003016mbp und https://archive.org/details/pistissophia00mead.

18. Anton Parks: *Eden, la Vérité sur nos Origines*, Éditions Nouvelle Terre, L'Operec 2011 (Frankreich).
19. Michael Tellinger: *Die Sklavenrasse der Götter*, Kopp, Rottenburg a. N. 2015. (Originalausgabe: *Slave Species of the Gods*, Bear & Co, Rochester VT, 2012.)
20. Zecharia Sitchin: *Das verschollene Buch ENKI*, Kopp, Rottenburg a. N., 2006. (Originalausgabe: *The Lost Book of Enki*, Bear & Co, Rochester VT, 2002.)
21. I Millenari: *Via col vento in Vaticano*, Kaos, Milano 1999. Deutsche Übersetzung: *Wir klagen an*, Aufbau-Verlag, Berlin 1999 (später auch als Taschenbuch); I Millenari: *Fumo di Satana in Vaticano*, Kaos, Milano 2001. Vgl. https://de.wikipedia.org/wiki/Exsultet und https://www.youtube.com/watch?v=sUN-XEU6HUc.
22. Walter Mattfeld: *Eden's Serpent: Its Mesopotamian Origins*, Lulu, Raleigh, N.C., 2010. Vgl. http://www.bibliotecapleyades.net/sumer_anunnaki/esp_sumer_annunaki07.htm.
23. *Leben Adams und Evas*: https://de.wikipedia.org/wiki/Leben_Adams_und_Evas, vgl. https://de.wikisource.org/wiki/Apokalypse_des_Moses, und *Apokalypse des Moses*: http://enominepatris.com/apokryphen/at/B002K001.htm. Vgl. »Apokalypse des Moses« in Paul Rießler: *Altjüdisches Schrifttum außerhalb der Bibel*, Dr. Benno Filser Verlag, Augsburg 1928; hier als PDF: http://digital.ub.uni-duesseldorf.de/ihd/content/titleinfo/3383292, S. 138-155.
24. https://de.wikipedia.org/wiki/Ophiten
25. Ein besonders übles Beispiel findet sich hier: https://www.youtube.com/watch?v=iO8Ks8AiMho#t=22.

Eine kurze Geschichte des Christentums in Anlehnung an das Gnostische Christentum

Es gab um Jesus herum *zwei* Kreise: 1) den *äußeren* Kreis von Menschen, die ihn sprechen hörten, und 2) den *inneren* Kreis seiner Jünger und ihm nahestehender Personen. Aus Joh 16,12 geht deutlich hervor, dass er im *äußeren* Kreis nicht alles sagte, was er im *inneren* Kreis zweifellos besprach: »Ich habe euch noch viel zu sagen; aber ihr könnt es jetzt nicht tragen.« Aus dem *inneren* Kreis entstand das Gnostische Christentum, das vor dem paulinischen Christentum existierte.

Weiter oben wurde bereits erörtert, dass Jesus etwas lehrte, was Jahweh dermaßen zornig machte, dass er ihn ans Kreuz nageln ließ. Aus dem gnostischen Text *Das Evangelium der Wahrheit* geht dies eindeutig hervor.

Aber was machte Jahweh so zornig? Dass er erzählte, Jahweh ist nicht der wahre Gott. Gemäß einem anderen gnostischen Text, *Pistis Sophia* [1], sprach Jesus sogar davon, wie wir uns von Jahwehs Einfluss befreien können.

Nach Jesu Opfer erwartete Jahweh, dass dessen Lehren allmählich in Vergessenheit geraten würden, aber das Gegenteil geschah. Es verlieh ihnen mehr Kraft, und die Lehren Jesu wurden von den Gnostischen Christen weitergetragen (auch wenn sich die Gnostiker mit der Zeit in etwas unterschiedliche Richtungen entwickelten). Deshalb wollte Jahweh als zusätzliche Strategie das ursprüngliche Christentum durch ein neues ersetzen, das seinen Zwecken dienen sollte. Er brachte Paulus dazu, eine Art »Christentum light« zu etablieren, das nicht die tieferen Wahrheiten des Gnostischen Christentums und die Belehrungen Jesu im inneren Kreis aufweist, sondern lediglich vermittelt, was Jahweh uns glauben lassen wollte.

Auf diese Weise wurde das ursprüngliche Christentum allmählich durch das paulinische Christentum ersetzt.

Danach manipulierte Jahweh auch noch Konstantin dahingehend, dass er auf dem Konzil von Nizäa im Jahre 325 das Gnostische Christentum verwarf. Auf diesem Konzil wurde das paulinische Christentum zur Grundlage der sich darauf entwickelnden Kirche.

In der Apostelgeschichte wird in Kapitel 9,4-6 über die Bekehrung des Paulus erzählt: »… und er fiel auf die Erde und hörte eine Stimme, die sprach zu ihm: Saul, Saul, was verfolgst du mich? Er aber sprach: HERR, wer bist du? Der HERR sprach: Ich bin Jesus, den du verfolgst. Es wird dir schwer werden, wider den Stachel zu lecken. Und er sprach mit Zittern und Zagen: HERR, was willst du, dass ich tun soll? Der HERR sprach zu ihm: Stehe auf und gehe in die Stadt; da wird man dir sagen, was du tun sollst.«

Kam das wirklich von Jesus, oder kam es von Jahweh, der sich als Jesus ausgab? Vergleichen wir es einmal mit einer anderen »Inspiration«. Es wird erzählt, dass Konstantin eine Vision hatte (einige Quellen sprechen von einem Traum), in der er ein Kreuz sah und die Worte hörte: »In diesem Zeichen wirst du siegen.« Er ließ das Kreuz auf die Schilder seiner Soldaten malen und gewann seine Kriege. Kam das wirklich von Jesus? Jesus lehrte uns doch »Du sollst nicht töten«, »Liebet eure Feinde« und »Wer das Schwert nimmt, der soll durch das

Schwert umkommen«, was in krassem Widerspruch zur Vision Konstantins steht.

Jesus hätte ihn zum Frieden und zur Versöhnung mit seinen Feinden aufgefordert! Deshalb kann diese Vision nicht von Jesus gekommen sein. Kam sie von Jahweh, der eine *scheinbar* christliche Kirche als Werkzeug haben wollte – um Menschen zu manipulieren und zu kontrollieren? Wenn es so sein sollte, ergeben sich auch an Paulus' Vision Zweifel…

Aus einem ähnlichen Grund kann man sich fragen, wer wirklich in Luk 4,1-13 Jesus versuchte. War es vielleicht Jahweh – in dem Bemühen, ihn von seiner Mission abzubringen?

Doch verschwand das Gnostische Christentum nicht ganz, das übrigens auch über Reinkarnation Bescheid wusste und sie lehrte. Einige Gnostiker blieben noch im Balkan, im Bereich des heutigen Bulgarien, und breiteten sich später nach Südfrankreich aus, wo die Katharergemeinschaft entstand. Die Katharer (»die Reinen«) folgten Jesu Lehre so gründlich, dass sie Vegetarier waren und nie ein Tier töteten – nach dem Motto: »Du sollst nicht töten!« Sie waren meiner Meinung nach die christlichsten Menschen, die es seit Jesu Jüngern gegeben hat. Auch sie wussten über Reinkarnation Bescheid und lehrten sie. (Durchaus möglich, dass Reinkarnation ebenfalls zu den Dingen gehörte, die in Joh 16,12 angedeutet werden.)

Die Gemeinschaft der Katharer wurde im 13. Jahrhundert in einem Völkermord von den Männern der Kirche vollkommen ausgerottet. Ein regelrechter Holocaust fand gegen sie statt! Nicht nur eine *extrem unchristliche* Handlung, sondern auch eine der größten Sünden und Schanden der Kirche – neben der Inquisition, die eine so unfassbare Grausamkeit aufwies, dass es Jahweh gefallen haben muss, ganz zu schweigen von den Kreuzzügen und Kriegstreibereien.

Die gnostischen Texte wurden in dem Bestreben zerstört, die Bewegungen der Gnostiker ein für alle Mal zu vernichten. Glücklicherweise wurden sehr viele davon im Jahre 1945 im ägyptischen Nag Hammadi gefunden, so dass wir heute wieder Zugang zu einem größeren Teil dieses Schatzes äußerst wichtiger Information haben.

Ist das nach dem Willen des Urschöpfers geschehen, um die Wahrheit in die heutige Zeit hinüberzuretten?

Diskussion einer Aussage von Tellinger

Michael Tellinger hat in seinem wertvollen Buch *Die Sklavenrasse der Götter* [2] über den Ursprung der Menschheit geschrieben. In Kapitel 15, S. 440, heißt es dort allerdings: »… wurde auch Jesus unwissentlich zum Sprachrohr seines blutrünstigen Nephilim-Gottes [Jahweh] und bereitete den Boden für die fortgesetzte Versklavung der Menschheit … was bedeutete, unbewusst [dieses Wort fehlt in der deutschen Übersetzung!] das Propagandanetz eines machtgierigen Anunnaki-Gottes zu weben … Die frappierenden Parallelen zwischen den unklaren Ursprüngen der Menschheit und dem Ursprung Christi lassen es durchaus möglich erscheinen, dass die Schöpfer der Menschheit, wer auch immer sie waren, dieser Tat eine zweite, genau geplante und kalkulierte Welle der Propaganda und effektivster Kontrolle folgen ließen.« Hätte Tellinger die Schriften der Gnostischen Christen gekannt, hätte er so nicht schreiben können.

Auch seine anschließende Bemerkung entspricht nicht ganz der Wahrheit: »... ein wirklich verblüffendes Phänomen [ist] das Fehlen jeglicher Erwähnung des Messias im Alten Testament. Das Wort *Messias* taucht im ersten Kapitel des Johannesevangeliums in Vers 41 erstmals auf ...« Man findet es aber bereits in Dan 9,25-26, nur müssen wir, weil das hebräische Wort *mashiah* meistens als »der Gesalbte« übersetzt wird, in der Bibel nach letzterem Wort suchen. Es wird als Bezeichnung für jemanden verwendet, der von Gott für eine besondere Aufgabe auserwählt ist. Das Wort »gesalbt(e)« findet man in 84 Versen, und in einigen davon kann es ähnlich verstanden werden wie im christlichen Verständnis. Für die Diskussion hier ist dies jedoch nicht von großem Belang. Erstaunlich ist allerdings, dass Tellinger vom »Ursprung Christi« schreibt (siehe oben), obwohl seiner Meinung nach in der Bibel ein solcher Ursprung nicht zu finden ist.

Die Bibel und die ganze kirchliche Christenheit hypnotisieren uns geradezu dahingehend, Jesus mit Christus zu identifizieren, was zu zahlreichen Missverständnissen führt. Der Jesus des Christentums war aus offensichtlichen Gründen vor seiner Geburt in Bethlehem unbekannt. Den Namen »Jeshua« erhielt er, wie jedes Neugeborene einen Namen erhält. Aber wer war er, bevor er als dieser Jeshua inkarnierte? Das wissen wir nicht. Es ist deshalb logisch und natürlich zu erwarten, dass kein »Jeshua« im Alten Testament erwähnt wird, der jener des Christentums sein könnte (ein *anderer* Jeshua wird hingegen in alttestamentarischen Apokryphen erwähnt: Jeshua ben Sirah).

Die Wahrheit ist: Christus ist *kein* Name! Es handelt sich dabei um die griechische Übersetzung (*christós*) des Wortes *mashiah*, »der Gesalbte«, die in fast alle modernen Sprachen übernommen wurde. Diesbezüglich gibt es viel Verwirrung. Und wie bereits erwähnt wird *mashiah* im Alten Testament meistens nicht im »christlichen« Sinne gebraucht. Jener Sinn wird denjenigen unbekannt gewesen sein, welche die Texte schrieben, aus denen später das Alte Testament entstand. Er wurde uns hauptsächlich durch die Botschaft bekannt, die Jesus uns brachte.

Und was war denn nun der »explosive« Teil der Botschaft Jesu? Eben jener: Jahweh ist nicht der wahre Gott! Es gibt einen weit über ihm, den Jesus »Vater« nannte. Jahweh ist ein Anunnaku,[11] aber der »Vater« steht über allen Anunnaki. Eine solche Botschaft war natürlich in jenen Tagen tödlich, und es liegt auf der Hand, dass Jahweh diesen Jesus dafür tot sehen wollte.

Das bedeutet, dass wir es im Grunde mit *zwei Jesussen* zu tun haben: dem wahren und einem *gefälschten Pseudo-Jesus der Kirche*. Weil Jahweh die Weitergabe von Jesu Botschaft nicht vollständig verhindern konnte, verdrehte er sie, bis sie seinen Absichten und Interessen diente.

Der erste Schritt bestand darin, Paulus auf die Bühne zu stellen, der ein abgewandeltes Christentum lehrte. Daraus entstand mit der Zeit die Institution einer Kirche, die das Volk durch ihre Lesart des »Christentums« zu dem Glauben manipulierte, dass Jesu »Vater« Jahweh sei. In Joh 8,31-47 wird Jesus mit Äußerungen vor dem Volk zitiert (s.u.), die dem widersprechen, aber sie werden wie erwartet von der Kirche ganz anders gedeutet.

---

11 Ich verwende diesen *vereinfachten* Singular, weil Anunnaki ein Göttervolk bezeichnet und somit mehrzahlig ist. Vgl. Fußnote 7.

Folgerichtig gibt es auch *zwei Christusse*. Der echte, dessen Sprachrohr Jesus war, und einen vom Dogma erschaffenen Schein-Christus, der den politischen Machenschaften einer weltlich gewordenen Kirche dienen soll.

Was Tellinger über Jesus schreibt, ist also nur für einen der beiden *Jesusse* wahr – für den gefälschten Jesus der Kirche! Aber nicht für den *wahren* Jesus …

Tellinger weist auch wiederholt auf Sitchins Bücher hin. Sitchin verdunkelte wichtige einleitende Zeilen in der babylonischen Schöpfungsgeschichte *Enuma Elish* und spielte sie herunter. Hatte er eine unbewusste Verbindung zu den Anunnaki, die er als wahre Schöpfer zu verehren schien? In seiner Deutung ist Apsu die Sonne und Tiamat ein Planet, der vor sehr langer Zeit in Stücke zerbrach, die heute den Asteroidengürtel bilden. Man kann es aber auch wörtlich verstehen: Apsu kann als der Urschöpfer aufgefasst werden und Tiamat als seine (die Schöpfung »gebärende«) Partnerin. Sie sind dann die allerersten Wesenheiten, aus denen und durch die das Universum entstand. Apsu könnte mythologisch mit der Sonne *assoziiert* werden, aber ihn mit der Sonne zu *identifizieren* ist etwas anders. Tiamat könnte mythologisch mit einem nicht mehr existierenden Planeten *assoziiert* werden, aber ihn damit zu *identifizieren* ist ebenfalls etwas anderes. Der Grund, weshalb ich das hier hervorhebe, wird klarer, wenn wir diese Sichtweise, wie oben bereits geschehen, mit der Schöpfungsgeschichte in *Das Apokryphon des Johannes* [3] vergleichen.

Meinem Verständnis nach ist der »Vater«, von dem Jesus sprach, der »unbenannte Schöpfer« der Gnostiker und bei den Mesopotamiern Apsu, der über allen Anunnaki steht – und *nicht* Jahweh!

Jesu Hauptmission, für die er hat sterben müssen

Das Erste, was einem in den Sinn kommt, ist die *Liebe*. Er lehrte uns, dass die Liebe das Wichtigste von allem ist, dass wir alle in dieser Welt Geschwister sind, unabhängig von Herkunft, »Rasse«, Geschlecht, Kultur und so weiter – und unabhängig vom sozialen Stand.

Diese Einsicht und die daraus folgende Lebensweise sind der wichtigste Prüfstein für jeden, der sich als Christ bezeichnen will. Wenn er fähig ist, Liebe zu leben, keine Rache sucht, nicht hasst, nie Gewalt ausübt und selbst jene liebt, die sich für seine Feinde halten, ohne selbst in jemandem einen Feind zu sehen, dann kann er sich wirklich als Christ bezeichnen. Wie viele bestehen diesen Test? Wahrscheinlich nur eine Handvoll all jener, die sich Christen nennen …

Aber kann man sich denn vorstellen, dass man jemanden dafür tötet, dass er die Liebe lehrt? Nein, es muss noch einen Grund gegeben haben, aus dem die Mächte dieser Welt Jesus tot sehen wollten. Und in der Tat gibt es eine weitere wichtige Mission, mit der Jesus als Botschafter Christi in die Welt kam – eine Mission, die selbst heute noch vielen als kontrovers erscheinen mag.

Wir können darüber in der Bibel erfahren. Wir brauchen nur Augen zum Lesen und Ohren zum Hören. Und wir müssen bereit sein, diese Mission anzunehmen. Wir erfahren darüber auch durch die erste große christliche Bewegung, die es auf der Welt gab, die Gnostischen Christen.

In der Bibel gibt es ein Zeugnis darüber in Joh 8,31-47: »Da sprach nun Jesus zu den Juden, die an ihn glaubten: So ihr bleiben werdet an meiner Rede, so seid ihr meine rechten Jünger und werdet die Wahrheit erkennen; und die Wahrheit wird euch freimachen. Da antworteten sie ihm: Wir sind Abrahams Samen, sind nie und keinmal jemands Knechte gewesen; wie sprichst du denn: Ihr sollt frei werden?

Jesus antwortete ihnen und sprach: Wahrlich, wahrlich, ich sage euch, wer Sünde tut, der ist der Sünde Knecht. Der Knecht aber bleibt nicht ewiglich im Hause; der Sohn bleibt ewiglich. So euch nun der Sohn freimacht, so seid ihr recht frei. Ich weiß wohl, dass ihr Abrahams Samen seid; aber ihr sucht mich zu töten; denn meine Rede fängt nicht unter euch. Ich rede, was ich von meinem Vater gesehen habe; so tut ihr, was ihr von eurem Vater gesehen habt.

Sie antworteten und sprachen zu ihm: Abraham ist unser Vater. Spricht Jesus zu ihnen: Wenn ihr Abrahams Kinder wäret, so tätet ihr Abrahams Werke. Nun aber sucht ihr mich zu töten, einen solchen Menschen, der ich euch die Wahrheit gesagt habe, die ich von Gott gehört habe; das hat Abraham nicht getan. Ihr tut eures Vaters Werke.

Da sprachen sie zu ihm: Wir sind nicht unehelich geboren; wir haben einen Vater, Gott. Jesus sprach zu ihnen: Wäre Gott euer Vater, so liebtet ihr mich; denn ich bin ausgegangen und komme von Gott; denn ich bin nicht von mir selber kommen, sondern er hat mich gesandt. Warum kennet ihr denn meine Sprache nicht? Denn ihr könnt ja mein Wort nicht hören.

Ihr seid von dem Vater, dem Teufel, und nach eures Vaters Lust wollt ihr tun. Derselbige ist ein Mörder von Anfang und ist nicht bestanden in der Wahrheit; denn die Wahrheit ist nicht in ihm. Wenn er die Lügen redet, so redet er von seinem Eigenen; denn er ist ein Lügner und ein Vater derselbigen. Ich aber, weil ich die Wahrheit sage, so glaubet ihr mir nicht. Welcher unter euch kann mich einer Sünde zeihen? So ich euch aber die Wahrheit sage, warum glaubt ihr mir nicht? Wer von Gott ist, der hört Gottes Wort. Darum hört ihr nicht; denn ihr seid nicht von Gott.«

Über wen sprach Jesus die von mir hervorgehobenen Worte? Und wer ist es, den er seinen »Vater« nennt? Es wird nur eine sinnvolle Weise geben, diese Worte zu verstehen: Der »Vater, der Teufel« ist Jahweh! Und Jesu »Vater« ist ein *höherer* Gott als Jahweh, der wahre ursprüngliche erste Schöpfergott, in dessen Schöpfung Jahweh eine Entität auf einer niedrigeren Ebene ist, die uns vormacht, der einzige und einzig wahre Gott zu sein.

Diese Behauptungen über Jahweh gründen auch auf Aussagen im Alten Testament. Jesus sagte: »Ich will meinen Mund auftun in Gleichnissen und will aussprechen die Heimlichkeiten von Anfang der Welt.« (Matth 13:35). Gerade das wird Jahweh missfallen haben, denn Jesus kam, um uns mitzuteilen, was Jahweh uns verheimlichen wollte, insbesondere die Wahrheit über Jahweh selbst.

Jesus wurde in einem Volk geboren, das durch Moses von Jahweh aus Ägypten zum »Gelobten Land« geführt wurde. Als sie nach einer langen Wanderung durch den Sinai schließlich dieses Land erreichten, sahen sie zu ihrer Enttäuschung, dass es nicht frei war. Es lebten dort Menschen in Städten. *Deshalb befahl Jahweh, sie alle ausnahmslos zu töten und nicht ein Kind, eine Frau oder einen alten Mann zu schonen*, so dass sie leben konnten in »großen und feinen Städten, die du nicht gebaut hast, und Häusern, allen Guts voll, die du nicht gefüllt hast, und ausgehauenen Brunnen, die du nicht ausgehauen hast, und Weinbergen und Ölbergen, die du nicht gepflanzt hast, dass du essest und satt werdest« (5Mos 6,10-11). So fand ein wahrer *Holocaust* statt, bei dem sie eine Stadt nach der anderen angriffen und »niemanden übrig ließen«, wie es so lebendig auf den *blutigen Seiten* in Josua, Richter und anderen Büchern der Bibel beschrieben wird.

Nach diesem vollständigen *Völkermord* hatten die Invasoren das Land schließlich von ihren ursprünglichen Einwohnern gestohlen, um es sich anzueignen (vgl. Deschner: *Kriminalgeschichte des Christentums*, Bd. 1 [4]). Ist das ein liebevoller und friedlicher Gott wie derjenige, den Jesus »Vater« nannte? Dieser blutrünstige, rächende, hassende, mörderische, übermäßig bestrafende, lügende und drohende »Gott«? Das kann doch wohl nicht sein!

Schon während der Wanderung durch den Sinai hat Jahweh das Ausmaß seiner Grausamkeit gezeigt. Ein Beispiel: In 4Mos 16,35-49 wird berichtet, wie er als Strafe für ein Räucherwerk 250 Männer tötete. Da protestierten die Menschen, und als Strafe dafür, auch noch den Protest gewagt zu haben, ließ er auf einen Schlag 14.700 Menschen durch eine Plage sterben.

In 4Mos 31,14-18 lesen wir: »Und Mose wurde zornig über die Hauptleute des Heeres … die aus dem Feldzug kamen, und sprach zu ihnen: Warum habt ihr alle Frauen leben lassen? … So tötet nun alles, was männlich ist unter den Kindern, und alle Frauen, die nicht mehr Jungfrauen sind; aber alle Mädchen, die unberührt sind, die lasst für euch leben.« In 4Mos 31,35 wird auch noch berichtet, wie sie von einem Raubzug 32.000 unberührte Mädchen als Beute mitbrachten, während alle anderen Menschen getötet worden waren. Warum sollten alle diese Mädchen am Leben gelassen werden? Zweifellos für sexuelle Dienste …

Noch ein paar Beispiele gefällig? 5Mos 2,34-35: »Da nahmen wir zu der Zeit alle seine Städte ein und verbannten [zu Tode] alle Städte, Männer, Weiber und Kinder und ließen niemand übrigbleiben [überleben]. Allein das Vieh raubten wir für uns und die Ausbeute der Städte, die wir gewannen.« (Einfügungen in Klammern nach dem hebräischen Text, da alle Bibelübersetzungen hier die Formulierung »verniedlichen«.) Hosea 13,16: »Samaria muss es büßen; denn es hat sich wider seinen Gott empört; durchs Schwert sollen sie fallen; ihre Kindlein sollen zerschmettert und die Schwangeren aufgeschlitzt werden!« (Übersetzung von Schlachter.)

In den Psalmen lesen wir:

18,38: »… ich zerschmetterte sie, dass sie nicht mehr aufstehen konnten; sie fielen unter meine Füße.«

21,9-12: »Du wirst sie machen wie einen Feuerofen, wenn du dreinsehen wirst; der HERR wird sie verschlingen in seinem Zorn; Feuer wird sie fressen. Ihre Frucht [Kinder] wirst du umbringen vom Erdboden und ihren Samen von den Menschenkindern. Denn sie gedachten dir Übles zu tun und machten Anschläge, die sie nicht konnten ausführen. Denn du wirst machen, dass sie den Rücken kehren; mit deiner Sehne [des Pfeilbogens] wirst du gegen ihr Antlitz zielen.«

137,9: »Wohl dem, der deine jungen Kinder nimmt und zerschmettert sie an dem Stein!«

Es gibt so viele Beispiele dieser Art, dass man darüber ein eigenes Buch schreiben kann. Eine umfassende Aufzählung der Gräueltaten Jahwehs ist in der *Skeptics Annotated Bible* zu finden [5]. Eine diesbezügliche Diskussion von Irene Nickel in *Die Bibel – ein inhumanes Buch* verdient ebenfalls Aufmerksamkeit [6]. Ein interessanter Text ist auch *Who is the real God of the Bible?* [7]. Zwei Bücher zu diesem Thema sind das sehr lesenswerte *Jehovah Unmasked!* von Nathaniel Merritt [8] und (auf Spanisch) *Desenmascarando a Yahweh* von David Cangá Corozo [9].

Merritt [8] schreibt (hier übersetzt): »Die Menschen sind Opfer einer Rasse von Elohim/Archonten [Anunnaki] oder ›Göttern‹, welche dieses materielle Universum und die Menschheit aus toter, minderwertiger, bereits existierender Materie gestalteten. ›Am Anfang erschufen die Götter den Himmel und die Erde‹ (*Genesis 1,1*), und die Menschen blieben bis heute ihr Eigentum. Um die Kontrolle über die Menschen aufrecht zu erhalten und sicherzustellen, dass die Erde weiterhin ihr Zwinger bleibt, haben die Elohim/Archonten diese Erde zu einer ständigen Quelle von endlosem Zank in der Menschheit gemacht. Sie haben Religionen errichtet und spirituelle Täuschungen gepflegt, um uns gegenüber der Realität blind zu machen und Kämpfe und Kriege untereinander zu fördern, und sie haben die Erde zu einem Ort von unaufhörlichem sinnlosen physischen und psychischen Leid und Mühsal gemacht. Dieser traurige Zustand ist von einem Anfang her so gewesen, der in den Nebeln der Vorgeschichte verloren gegangen ist.«

Ist es nicht offensichtlich, dass Jahweh, der über das Volk jenes Landes herrschte und heute sogar noch über viel mehr herrscht, nämlich die ganze Welt – und diese Herrschaft übrigens auch durch das Mittel der Kirchen ausübt, die ihn als ihren »Gott« angenommen haben ... Ist es nicht offensichtlich, dass er sich dadurch disqualifiziert? Wenn er sagt: »Du sollst keine anderen Götter neben mir haben« (2Mos 20,3), bedeutet das, dass es keine anderen Götter *gibt*, oder handelt es sich nicht vielmehr um ein *Konkurrenzverbot*: Es gibt zwar andere Götter, aber ich soll euer einziger Gott sein und ihr sollt mit diesen anderen Göttern nichts zu tun haben?

Zur Logik dieser Forderung des Jahweh: Wenn Jahweh wirklich der Urschöpfer wäre, wären andere Götter von ihm erschaffen und er hätte selbstverständlich nichts dagegen, dass wir sie verehren. Wenn er etwas dagegen hat, sind es nicht seine Schöpfungen und müssen somit von einem anderen Schöpfer erschaffen worden sein, der dadurch in der Rangordnung über Jahweh stehen muss. Das bedeutet, auch Jahweh wurde von jenem Urschöpfer erschaffen.

Zusammenfassende Hypothese über Jesu Mission und die Gnostischen Christen

- Jesus ist nicht Christus, sondern ein von Christus gesandter Botschafter.
- Es gibt effektiv *zwei Jesusse* und *zwei Christusse*: die wahren und die durch Manipulation des Jahweh von der Kirche aufgestellten, die aber gefälscht sind.
- Jesus gab seine Mission an seine Jünger weiter, um seine Botschaft in die Welt zu bringen. Dadurch entstand das Gnostische Christentum – das erste und ursprüngliche Christentum. Zur Lehre des Gnostischen Christentums gehörte, dass Jahweh ein falscher Gott ist.
- Das erweckte in Jahweh Wut und Hass, weshalb er Jesus in der Hoffnung ermorden ließ, dass seine Lehren bald

wieder vergessen sein würden. Aber das geschah nicht. Sie wurden nämlich von den Gnostischen Christen weitergetragen. Um ihnen zu begegnen, setzte er Paulus ein, damit er ein Jahwehs Interessen dienendes, aber abgewandeltes Christentum errichtet.

- Natürlich wollte Jahweh auch die Gnostiker loswerden. Für diesen Zweck verwendete er Konstantin, um eine auf dem paulinischen Pseudo-Christentum beruhende Kirche zu errichten. Der Gnostizismus wurde zur Häresie erklärt.
- Die gnostischen Texte wurden zerstört, aber eine wichtige Sammlung konnte versteckt überdauern. Sie wurde im Jahr 1945 im ägyptischen Nag Hammadi wiederentdeckt. Das wird kein Zufall gewesen sein, sondern zu einem höheren Plan gehören, um die ursprünglichen Lehren (wenigstens großteils) wiederherzustellen.

Bedauerlicherweise folgt aus alledem, dass Jesus die Macht des Jahweh offenbar nicht brach. Er konnte die Menschheit nicht von dessen Herrschaft befreien, vielmehr verschlimmerte sich die Situation für die Menschen anschließend sogar. Jahwehs Macht und Einfluss nahmen ständig zu. Hat Jesus also im Grunde doch Jahweh gedient, wie Tellinger schreibt, und nicht dem »Vater«, von dem Jesus sprach? Hat Jesus versagt? Oder geht es um einen Prozess, der sich nicht nach menschlichen Maßstäben bemisst, sondern einfach sehr, sehr lange Zeit braucht, um sich zu entfalten? Ist er vielleicht immer noch im Gange und tritt nun in seine letzte Phase?

Lassen wir die *gefälschten* »Versionen« von Christus und Jesus einmal beiseite. Diesbezüglich handelt es sich, wie wir inzwischen ja wissen, um ein menschliches Missverständnis, das genau so gewollt ist. Wenn der Prozess der Bewusstseinsentfaltung noch läuft, bezieht er sich auf den *wahren* Christus und den *wahren* Jesus und die Wirkung *ihrer* Lehre.

Und wenn dieser Prozess tatsächlich noch im Gange ist – und alles spricht in unserer aktuell doch äußerst brisanten und bewegten Zeit dafür – wird Jahweh wissen, dass seine Tage gezählt sind. Dann wird er es uns kraft seiner Macht und seines Einflusses einfach nur so schwer wie möglich machen, seine Irrlehren und Verbote aufzudecken und ihn vom Thron zu stürzen.

Bevor er aufgeben muss, wird er als letzte Handlung vorher noch so viel wie möglich von diesem Planeten und seiner Bevölkerung zerstören wollen. Die Taktik der »verbrannten Erde«.

Ob wir Jahweh nun als Außerirdischen bezeichnen möchten oder nicht, spielt für diese Zusammenhänge eigentlich gar keine Rolle. Er ist es in jedem Fall, allein schon in dem Sinne, dass er und seine Verbündeten nicht zur Menschheit dieser Erde gehören. Sie entstammen einer anderen Dimension in einer anderen Welt mit einer anderen Zivilisation.

Jene Zivilisation hat seit Jahrtausenden eine unsichtbare Kontrolle über uns errichtet. Sie behauptet, uns »erschaffen« zu haben. Dabei hat sie nur bereits auf unserer Erde bestehende Lebensformen genetisch *modifiziert* und von ihren eigenen Genen einige ausgewählte in uns implantiert. Diese Wesen sind in keiner Weise unsere Schöpfer.

Das Einzige, was sie taten, ist eine kleine Gruppe von *Vorfahren* der derzeitigen Menschheit auf der Erde genetisch zu »fabrizieren«. Danach wurden hier keine weiteren Menschen mehr »fabriziert«, sie wurden von den Menschen selbst gezeugt. Deshalb haben diese Außerirdischen auch nicht das geringste Recht, uns zu kontrollieren und zu gebrauchen. Trotzdem tun sie es. Sie tun es zu dem alleinigen Zweck, sich (unsichtbar und für uns unbewusst) von unseren Lebensenergien zu ernähren. Sie halten uns im Grunde als energetisches »Zuchtvieh«.

Die Menschheit wurde während vieler Jahrtausende von verschiedenen Außerirdischen manipuliert, die als Kontrollwerkzeuge unterschiedliche Religionen etablierten. Einige waren uns aber auch wohlgesonnen. Die Manipulierenden und besonders Jahweh wollten ihre Konkurrenten vernichten, als Mittel dazu diente ihnen auch ein gefälschtes Christentum.

Was bedeutet das alles für unsere Wirklichkeit? Um uns herum tobt ein unsichtbarer Krieg, der noch viele Opfer kosten wird – zahlreiche Menschenleben. Aber es ist bereits absehbar, dass eine neue Menschheit entsteht, die von positiven Außerirdischen unterstützt wird (und *nicht* etwa durch die Neue Weltordnung, die dem negativ entgegenwirkt!). Bis dahin werden zwar noch Menschen in großer Zahl »sterben« müssen – *aber es gibt keinen Tod!* Nur der Körper stirbt. Die unsterbliche Seele verlässt ihn lediglich und kommt später wieder – in einer neuen Menschheit.

Wer ist dann der wahre Urschöpfer?

Er kann nur derjenige sein, der von den Kana'anäern 'El 'Elyon genannt wurde. Zum »Gelobten Land« gehörte zu einem wesentlichen Teil das Land Kana'an, bewohnt von Menschen, die hauptsächlich durch mesopotamische Quellen die Wahrheit kannten. Religionsgeschichtliche Forschungen der jüngeren Zeit haben das inzwischen anhand von Ausgrabungsfunden aufgedeckt und belegt, wie weiter oben beschrieben (und dazu die Schriften von Nag Hamadi). Auch wenn Enlil = Jahweh selbst mit jenen Quellen verbunden ist, wollte er, dass diese Wahrheit den Menschen verheimlicht wird, damit er sich selbst als »Urgott« darstellen konnte. Das wird der Grund gewesen sein, weshalb die dort hingeführten Hebräer in seinem Auftrag diese Menschen vernichten sollten.

Zwar waren die Hebräer bereits lange vorher aus der Stadt Ur in Chaldäa in das Land Kana'an geführt worden (1Mos 11,28-31), wo sie offensichtlich mesopotamisches Wissen bewahrten. Aber später wurden sie aufgrund einer Hungersnot nach Ägypten weitergeführt (1Mos 12,10). Dort hat man sie allerdings wie zweitrangige Menschen behandelt, und Jahweh nutzte ihre Not, um sie abermals später »zur Rettung« nach Kana'an zurückzuführen. Ein Verdacht tut sich auf: Hatte er die ganze Völkerwanderung inszeniert, um so durch eine »Volksgehirnwäsche« das alte Wissen auszumerzen?

Und wer ist der Antichrist?

Das Wort bezeichnet etwas unspezifisch jemanden, der gegen Christus und seinen Botschafter Jesus ist. Man könnte eigentlich auch Anti-Jesus sagen.

Nach allem, was in diesem Buch bisher gesagt wurde, ist der Hauptkandidat Jahweh …

Jahweh und die Reinkarnation

Antonio Orbe (1917-2003), einer der größten Kenner des Gnostizismus, schrieb wie folgt über die Reinkarnation (übersetzt aus *Cristología Gnóstica*, Bd. II, Kapitel 34 [10]):

»Christus nahm seinen Platz an der rechten Seite des Jahweh nicht nur ein, um von den Himmeln verehrt zu werden. Als Anerkennung für seine Dienste (beziehungsweise seinen Tod am Kreuz) wurde eine neue Ordnung erstellt – im ganzen Neuen Testament –, in Auflehnung gegenüber der bisherigen Herrschaft. Es ging nicht um die Frage, den Engeln oder Archonten das Evangelium zu verkünden. Die Offenbarung des Vaters ist mit dem Sohn, dem Erlöser, verbunden. Es ging auch nicht darum, Jahweh in seiner Funktion als Demiurg beiseite zu schieben. Streng genommen setzte sich dessen Funktion unter einem neuen Zeichen fort. Der Schöpfer ›fabriziert‹ keine neuen Welten, und er gestaltet auch keine neuen Menschen.

Welche Aufgabe kam Christus beim Erstellen dieser neuen Ordnung zu? Nicht alle Gnostiker antworten auf dieselbe Weise, aber im Wesentlichen sind sie sich einig.

Christus brachte die ›Reinkarnation‹ zum Abschluss. Er schwächte Jahweh, entzog ihm die Herrschaft über alle, die an das Evangelium Jesu glaubten, und befreite sie aus dem ›Kreislauf der Geburten‹.

Im Alten Testament kam Jahweh und übernahm die Macht, auf der Grundlage des Todes, über alle Menschen – Heiden und Israeliten, Gute und Böse –, und er verpflichtete sie dazu, einen neuen Körper auf Erden anzunehmen (jedenfalls wenn es menschliche Körper betraf). Auf solche Weise gingen sie von einer Generation zur anderen, ohne Hoffnung, die Kette der Geburten jemals durchbrechen zu können. Eine unterirdische Hölle war überflüssig. Es war nicht nötig, die Toten zu diesem Zweck an einem Ort zu versammeln. Es genügte, sie zum Leben in einem anderen Körper zu verpflichten, unter anderen Umständen (von Familie und Ort), sie brauchten nicht einmal die Erde zu verlassen. Selbst die Guten mussten dem Demiurgen und dem ›Kreislauf der Geburten‹, in den er sie versetzte, ihren Tribut zollen. Die Seele des Pinehas gelangte dadurch in den Körper des Elias zurück und später in jenen von Johannes dem Täufer. Manche Gnostiker waren sogar versucht, eine Geschichte der Seele (oder des inneren Menschen) Adams in seinen Wiedererscheinungen in neuen Verkörperungen zu schreiben …

Die Zerstörung einer derartigen Herrschaft kündigte sich in der Ankunft Jesu auf der Welt an – und damit der Triumph über das Schicksal ... Aber sie wurde erst nach seiner Rückkehr vollzogen, als der Messias seinen Platz an der rechten Seite einnahm. Rechts von Jahweh sitzend, mit Macht über ihn, befreit Christus (als Wesen) alle, die dem Evangelium der Wahrheit hingegeben sind. Niemand derer, die sich zu Gott dem Vater und dem Erlöser, dem Einziggeborenen Sohn, bekannten, würde mehr dem fatalen Kreislauf der Geburten verfallen. Sie alle würden sich in der nachtodlichen Reise von Jahwehs Zugriff befreien und in Christi Hände begeben.

Die Ungläubigen, also alle, die am alten Glauben festhalten und ihn pflegen, weiter Jahweh als einzig wahren Gott verehren, würden unter der Herrschaft des Alten Testaments bleiben. Sie würden weiter reinkarnieren, im Tod von einem Körper zum anderen gehen. Wer den Vorteil des Heils (und der Unterwerfung) verweigerte, den Jesus in die Welt brachte, würde zur Strafe weiter Sklave des Jahweh sein und weiter seine Willkür und durch *metensomatosis* [Reinkarnation] die Massen seiner Verehrer in dieser Welt nähren. Das Sitzen Christi (als Wesen) zur Rechten, als ein Mittel des Erlösers für das Gute der Menschen, würden sie nicht erfahren.«

Verstehen Sie das richtig! Es bedeutet nicht, dass Jahweh in seiner Region die Reinkarnation *eingeführt* hat, es bedeutet, dass er sie für sich *kaperte!* Es gab sie schon immer, und der Glaube daran (oder vielmehr das Wissen darum) ist so alt wie die Menschheit selbst. Dieses Wissen ist Bestandteil praktisch aller alten Kulturen und Religionen – ebenso des ursprünglichen Gnostischen Christentums und in wesentlichen Teilen auch der hebräischen Religion. Selbst im Islam gab es dieses Wissen, und es gibt dort noch immer reinkarnationsgläubige Gruppen.

Jahweh wollte, dass die Seelen unter seinem Einfluss bleiben. Sie sollten wieder in seiner Region reinkarnieren. Deshalb tat er alles, damit die Menschen sich durch Gewalttätigkeit und negatives Verhalten ein schlechtes Karma aufbürdeten. So sicherte er ihre Rückkehr in seine Region.

Das funktioniert besser, wenn Menschen nicht an Reinkarnation glauben. Deshalb strebte er in seinen Religionen nach der Beseitigung dieses Wissens. Und deshalb haben die Kirchen und der Islam den Glauben daran verloren, ebenso wie ein Teil der hebräischen Religion, wenngleich dieses Wissen in der Kabbalah zu einem bedeutenden Teil erhalten blieb.

Und verstehen Sie auch das richtig! Es bedeutet nicht, dass Christus sofort alle, die zu ihm halten, von der Reinkarnation befreit. Das zu unterstellen wäre vermessen. Aber er hat uns durch seinen Botschafter Jesus *den Weg aus ihr heraus* gezeigt. Wir können also jetzt den »Kreislauf der Wiedergeburten« stark verkürzen und schneller hinausgelangen, auch wenn die meisten von uns noch genügend »Restkarma« abzuarbeiten haben.

Es ist offensichtlich, dass das dem Jahweh nicht gefiel …

Referenzen

1. *Koptisch-Gnostische Schriften, Bd. 1: Die Pistis Sophia*, hrsg. v. Carl Schmidt, Akademie-Verlag, Berlin 1981 (Nachdruck der Ausgabe der J. C. Hinrichs'schen Buchhandlung, Leipzig, 1905), Kapitel 30-32 und 102. Auf Englisch: https://archive.org/details/pistissophia003016mbp und https://archive.org/details/pistissophia00mead.
2. Michael Tellinger: *Slave Species of God*, Zulu Planet, Johannesburg 2005. Später etwas erweitert als *Slave Species of the Gods*, Bear & Co, Rochester VT, 2012; auf Deutsch: *Die Sklavenrasse der Götter*, Kopp, Rottenburg a. N. 2015.
3. *Das Apokryphon des Johannes*. Siehe oben (mehrere Quellen).
4. Karlheinz Deschner: *Kriminalgeschichte des Christentums, Bd. 1: Die Frühzeit*, S. 73-89, Rowohlt, Reinbek 1989.
5. *Cruelty and Violence in the Bible*: http://skepticsannotatedbible.com/cruelty/long.html. Vgl. http://www.christliche-reinkarnation.com/GrausBib.htm
6. Irene Nickel: *Die Bibel – ein inhumanes Buch*: http://irenenickelreligionskritik.beepworld.de/bibelinhuman.htm
7. *Who is the real God of the Bible?*: http://uncensored.co.nz/who-is-the-real-god-of-the-bible/
8. Nathaniel J. Merritt: *Jehovah Unmasked!*, ohne Verlag und Jahr, nur noch antiquarisch zu finden, scheinbar 2005 von LuLu.com herausgegeben, aber dort vergriffen; 2. Ausgabe: Moon Temple Press, Indio CA, 2005; als PDF hier: http://www.mediafire.com/down

load/dq26276ew61p5gt/JEHOVAHUNMASKEDsecondedition.pdf.[12]

9. David Cangá Corozo: *Desenmascarando a Yahveh*, http://www.davidcangacorozo.net/ sowie als Kindle Edition bei Amazon.
10. Antonio Orbe: *Cristología Gnóstica*, Bd. II, Kapitel 34: *Ascensión y reincorporaciones* (S. 573-597), Teil 5: *Conclusión*, S. 596-597 (Biblioteca de Autores Cristianos, Madrid 1976).

---

12 Dieses Buch ist meines Erachtens nach wirklich *sehr* lesenswert, und es ist den Aufwand wert, es sich anzuschaffen. Amazon.com bietet es gebraucht für 156 $ an, neu für ganze 936 $! Bei Amazon.de kostet es über 1000 €! Bei antiquarischen Anbietern ist es zurzeit mit 50-80 € (noch) viel günstiger zu haben. (Stand: Januar 2015) – Merritts Buch ist offensichtlich sehr gefragt, aber dem Markt aus Gründen der Zensur entzogen worden. Versionen als PDF oder eBook sind inzwischen ebenfalls fast alle verschwunden (der Link oben war bei Drucklegung meines Buchs noch existent). Der Verfasser war Mitglied der Sekte »Zeugen Jehovas«, bis er hinausgeworfen wurde (eine äußerst seltene Maßnahme). Hat hier jene Organisation eingegriffen? Bemerkenswerterweise gab es kurze Zeit einen Link in einem Forum der »Zeugen« zu einer PDF-Datei, zwecks Diskussion darüber. Scheinbar hat man diesen rasch verschwinden lassen, als man begriff, um was es sich dabei eigentlich handelt … Auszüge aus Merritts Buch sind hier zu finden: http://www.jcnot4me.com/PREVIEWJEHOVAH2.pdf. Die angesichts solcher Preise außergewöhnliche Nachfrage ist signifikant. Da der Verfasser bei seiner Odyssee auf der Suche nach der Wahrheit die Antwort schließlich im Gnostischen Christentum fand, ist das Buch auch diesbezüglich sehr informativ.

Allgemeine Überlegungen

Wie die Gnostischen Christen und auch Origenes und andere lehrten, ist unser wahrer Ursprung im Licht des Urschöpfers. Von dort kommen wir alle, dort waren wir alle, bevor wir das erste Mal verkörpert wurden. Dorthin kehren wir nach dem Tod zurück. Allerdings erfolgt die Rückkehr zunächst in einen »Randbereich« dieses Lichts.

Warum das so ist? Ganz einfach: Wir müssen solange zu neuen Inkarnationen hierher zurückkehren, bis wir das Wesen der Liebe voll verinnerlicht haben. Nach einer letzten Inkarnation gehen wir dann endgültig in dieses Licht ein.

In der Verkörperung sind wir *voneinander getrennt.* In der Lichtwelt gibt es diese Trennung nicht. Wir sind dort direkt verbunden und doch individuell. Wenn wir so weit kommen, dass wir nach einer letzten Inkarnation nicht mehr aus dem Licht hinauszugehen brauchen (vgl. Offb 3,12: »er soll nicht mehr hinausgehen«), gibt es eine solche Trennung nicht mehr. Also sollten wir schon *vorher* die Trennung abbauen, und der Weg dazu ist *Liebe,* denn sie überbrückt alles Trennende.

Wohlwollen und positive Gefühle füreinander bauen Trennung ab. Hass und andere negative Gefühle festigen sie. Wir sehen das an Gewalttaten, Betrug und Unehrlichkeiten jeder Art. Wer in der Trennung lebt, ist noch nicht reif dafür, voll in das Licht einzugehen.

Ist das Essen vom »Baum der Erkenntnis« wirklich die Sexualität?

Es war bereits wiederholt vom »Baum der Erkenntnis« die Rede. Die konventionelle Auslegung des Bibeltextes lautet, dass hier die »Ursünde« Einzug hält, dass das »Essen« vom »Baum der Erkenntnis« die Sexualität ist. Dieser Mythos verlangt eine nähere Analyse.

Folgendes spricht gegen eine solche Auslegung:

- Es wurde Adam verboten, vom Baum zu essen, *bevor* Eva erschaffen war; da war Sexualität noch kein Thema.
- Sie aßen *nacheinander* vom Baum. Sexualität geschieht in der Regel gemeinsam, nicht nacheinander.
- Eva wurde nicht unmittelbar schwanger, sondern erst später (1Mo 4:1, siehe oben).

Es scheint, dass die Verbindung des »Baums der Erkenntnis« mit Sexualität von der Tatsache ablenken soll, dass es in Wahrheit um unerlaubtes Wissen geht. Die hebräische Urform lautet eigentlich, korrekt übersetzt, *Baum der Weisheit.* Wenn uns in 1Mos 1 nahegelegt wird, uns fleißig zu vermehren, und wenn uns Geschlechtsteile gegeben sind, kann es wohl nicht verboten sein, diese auch zu gebrauchen. Die Frage ist nur, auf welche Weise. Sexualität in echter Liebe ist etwas anderes als die pure Lust, sich einfach abzureagieren, und das erst recht, wenn es in einer Art Sinnesrausch geschieht, denn dann können allzu leicht unsichtbare Wesenheiten hinzukommen, um uns zu manipulieren und von unseren sexuellen Energien zu »naschen«.

Die Katharer, eine spätgnostische Bewegung, hielten Sexualität übrigens nicht an sich für sündig. Sie lehnten sie vielmehr deshalb ab, weil dadurch Kinder geboren wurden. Und raten Sie einmal, warum nicht noch mehr Menschen entstehen sollten? Nun, sie kannten wohl Jahwehs Plan. *Weil dadurch immer mehr Seelen in dieser üblen Welt inkarnieren müssen.*

Wahre Sexualität – das ist bekannt – hat mit Liebe zu tun. Doch vor allem in den Medien der heutigen Welt wird sie eher mit Materialismus und sogar mit Gewalt verbunden und auf eine Weise dargestellt, als hätte sie wenig oder im Grunde gar nichts mit Liebe zu tun, als wäre Sexualität an sich »Liebe«. Die Frau wird als Sexobjekt und der Mann als Zuchtbulle dargestellt. Anscheinend soll der wahre Sinn von Sexualität abgewertet und vertuscht werden.

Und welches ist der wahre Sinn? Zeugung? Nicht nur das. Es geht um die *Vereinigung in der Liebe*, wie ein Echo der *Vereinigung mit dem Licht* – und um die *Seelenverbindung* zweier Menschen. Liebevolle Sexualität hilft, *Trennung abzubauen.* In unserer zurzeit äußerst übervölkerten Welt wird gerade der letztere Sinn wieder enorm wichtig.

Andere außerirdische Einflüsse in unserer Menschheit

Wie erwähnt, lassen *Enuma Elish* und mehr oder weniger auch andere Schöpfungsgeschichten die Möglichkeit offen, dass es im Universum noch andere »Götter« und Welten mit Menschen und Zivilisationen gibt. Sicher wird es Bereiche der Schöpfung außerhalb der anunnakischen Region geben, in der wir uns befinden. Dann stellt sich aber die Frage, ob noch andere Außerirdische unsere Erde besucht und Spuren auf ihr hinterlassen haben.

Das – historisch gesehen – fast gleichzeitige und sehr plötzliche Auftreten früher Hochkulturen, die später wieder verschwanden, spricht stark dafür. Außerdem gibt es zahlreiche Vermutungen über außerirdische »Entwicklungshilfe«, die immer wieder auf der Erde geleistet wurde, selbst wenn derartige Hilfen wohl kaum ohne eigennützige Interessen geleistet worden sein mögen.

Nehmen wir nur Atlantis und Lemurien, zwei Zivilisationen, die mit größter Wahrscheinlichkeit in unserer Vergangenheit existierten. Unsere sogenannten Wissenschafter lehnen mit ihrem eingeschränkten Weltbild ihre Existenz ab, obwohl sie keine wirklichen Gegenbeweise erbringen können. Da gilt eher die Maxime, dass nicht sein kann, was nicht sein darf. Und was nicht ins anerkannte Weltbild passt, darf eben nicht sein. Trotzdem mehren sich die Hinweise darauf, dass es diese Kulturen tatsächlich gab – und sogar Indizien für die Möglichkeit, dass wir es dort bereits mit außerirdischen Einflüssen zu tun hatten (*Ancient astronaut hypothesis* [1]).

Zu diesem Thema gibt es eine große Zahl von Veröffentlichungen und Internetseiten. Ich will hier nur eine ganz kurze und auf wenige Beispiele begrenzte Übersicht geben.

Der Hinduismus

Es gibt in uralten indischen Schriften Berichte über Flugzeuge (*vimanas*, »Himmelswagen«) [2,3] und manch andere erstaunliche Dinge. In Sanskrit-Schriften wird sogar die Konstruktion von Flugzeugen und anderen Maschinen beschrieben [4,5]. Das *Mahabharata* schildert ungeheuerliche Kriege, die sich weitgehend am Himmel zwischen *vimanas* abspielten, mit Waffen, die in manchen Fällen an moderne Nuklearwaffen erinnern [6-9].

Und betrachten wir einmal gewisse Eigenarten Indiens, etwa das Kastensystem. Hat es seinen Ursprung vielleicht darin, dass Menschen für bestimmte Aktivitäten »maßgeschneidert« wurden – ähnlich, wie die Anunnaki es in Mesopotamien und im Vorderen Orient taten? Die verschiedenen Kasten oder Berufsstände mit ihrem unterschiedlichen Ansehen könnten sich im Laufe der Jahrtausende untereinander vermischt haben, so dass es heute keinen wahren Unterschied mehr gibt – und der aufoktroyierte soziale Unterschied wird traditionell erklärt ...

Der Hinduismus ist henotheistisch, da man (wiederum!) von *einem höchsten Gott* spricht: (das) Brahman und (der) Brahma. Brahman (sachlich) ist die unmanifestierte Form des Urschöpfers und Brahma (männlich) seine manifestierte Erscheinung. Beim Henotheismus glaubt man an einen höchsten Gott, ohne die Verehrung anderer untergeordneter Götter auszuschließen, und so existieren neben Brahma noch zwei andere Götter: Vishnu und Shiva. Zu dritt bilden sie die Trimurti und erschufen ihrerseits andere Gottheiten (*devas*) beziehungsweise manifestierten sich in anderen Gestalten, die dann anders benannt wurden (als »Inkarnationen« der entsprechenden Gottheit). Die meisten Gottheiten haben auch eine Gefährtin an ihrer Seite, eine weibliche Gottheit. So ist Krishna eine »Inkarnation« von Vishnu, und seine Gefährtin heißt Radha.

Die eingangs genannten Schriften aus alter Zeit legen meines Erachtens nahe, dass die indischen Götter aus dem Weltraum gekommen sein könnten. Dabei hat man stark den Eindruck, dass es sich hier um *andere* Außerirdische als die Anunnaki handelt. Allerdings könnten diejenigen, gegen die sie Krieg führten, sehr wohl Anunnaki gewesen sein. Was die indische Götterwelt betrifft, kennt man dort übrigens Dämonen, die man als *asuras* bezeichnet.[13] Auch ein umfassendes Sanskritwörterbuch [10] gibt dazu keine etymologische Erklärung. Könnte es sein, dass dieses Wort mit Assyrien zu tun hat? Assyrien heißt auf Assyrisch nämlich *ashshur*. Waren vielleicht die *asuras* in Wahrheit Anunnaki, die sich unter anderem in Assyrien aufhielten?

Ein jüngst im Internet aufgetauchtes Video [11] über Ruinen unter Wasser, die erst vor vergleichsweise kurzer Zeit entdeckt wurden, fügt sich in den Reigen dieser Mysterien. Es handelt sich um die bisher für mythologisch gehaltene Stadt Dwaraka.

Andere Kulturen

Noch viele andere alte Kulturen und ihre Religionen deuten auf die Möglichkeit eines außerirdischen Ursprungs hin. Die Inka erzählten von Viracocha (Wiraqucha), der von der Milchstraße kam und später wieder dorthin fuhr. Er soll angeblich in der Zukunft noch einmal zur Erde kommen. Die »gefiederte Schlange« der Azteken, Quetzalcoatl, erinnert durch ihre Blut-

---

13 Nun möchte vielleicht jemand einwenden, dass diese (nicht ganz so ernst gemeinte) Hypothese unsinnig ist, da *a-sura* die Negation von *sura* = »Gott« sei. Aber gerade bei diesem Begriff stimmt das nicht! Das Sanskritwörterbuch erklärt zu letzterem Wort: »durch falsche Etymologie von *asura*, verstanden als Negation: *a-sura*«. Das Wort *sura* ist hiernach eine volkstümliche Konstruktion aus irrtümlicher Etymologie heraus, und *asura* ist gar keine Negation.

rünstigkeit und ihr Verlangen nach Menschenopfern an die Anunnaki. Der nordische Gott Thor (Þórr) fuhr unter Donnergetöse und mit Blitzen in einem Fahrzeug über den Himmel, so dass man wiederum an eine außerirdische Erscheinung denken mag. Um nur einige Beispiele zu nennen …

Quetzalcoatl hieß bei den Maya übrigens Kukulkan, und auch sie opferten ihm Menschen (vgl. oben über die Ernährung der Anunnaki). Doch wird es sich dabei wohl um »aztekifizierte« Maya gehandelt haben. Gemäß Rückführungserlebnissen von Menschen, die damals dort lebten, sieht die Geschichte der Maya nämlich anders aus, als die offizielle Geschichtsschreibung behauptet. Sie waren friedliche Menschen, die auch vegetarisch lebten, und handelten mit anderen Völkern – darunter den Azteken. Die Azteken wurden von den Maya »Bluttrinker« genannt, und die Maya mochten sie nicht, mussten aber für manche Waren mit ihnen Tauschhandel treiben.

Vor etwa 2.100 Jahren überfielen die Azteken das Mayaland und führten gewaltsam ihre Religion ein. Eine kleine Gruppe von Maya konnte sich dadurch retten, dass sie auf Flößen aufs Meer hinausfuhr. Viele ertranken, weil die Flöße zu schnell zusammengebunden worden waren und die Verschnürungen sich auf dem offenen Meer lösten. Ein kläglicher Rest der Gruppe erreichte schließlich Florida, wo sie eine Zeit lang lebten und schließlich ausstarben.

Die ägyptische Kultur

Im Zusammenhang mit ihren Göttern und der Mythologie spielen bei den Ägyptern der Doppelstern Sirius [12] und das

Sternbild Orion (*The Orion Theory* [13]) wichtige Rollen. Auf manchen Bildern – und Skulpturen – sind der Pharao Akhenaten (Echnaton) [14] und einige andere auf eine Weise dargestellt, dass sie nicht sehr irdisch wirken. Das führte schon zu einer ganzen Reihe von Hypothesen über außerirdische Verbindungen mit dem alten Ägypten.

Entsprechend wurden in Ägypten und anderen Teilen der Welt rätselhafte lange Schädel gefunden [15]. Was sollen wir davon halten? Einige Schädel sind nicht nur sehr lang, sondern auch wesentlich größer als das, was heute »normal« ist. Andere langgezogene Schädel scheinen etwas kleiner zu sein. Das führte mich zu folgendem Gedanken: Könnte es nicht sein, dass die »Wächter« (siehe oben) wahrhafte »Riesen« waren, ihre Kinder mit Erdenfrauen aber nicht so groß?

Der Niedergang der ägyptischen Kultur gibt nach wie vor Rätsel auf. Vielleicht hing er damit zusammen, dass die Außerirdischen, die man dort anfangs vermuten kann, sich zurückzogen und die allein gelassenen Erdenmenschen ihre Kultur nicht mehr aufrechterhalten konnten?

Der tibetische Buddhismus

Seit dem fünften Jahrtausend geriet die in Tibet vorherrschende Religion des Bön (»Wirklichkeit«, »Wahre Lehre«) immer stärker unter den Einfluss des Buddhismus, wie ihn ursprünglich der in Nordindien lebende Siddhartha Gautama (563 v. Chr. – 486 v. Chr.) verbreitete. Er wurde auch Shakyamuni oder Buddha genannt, was so viel wie »der Erleuchtete« oder »der Aufgewachte« bedeutet.

Die Lehren des Bön beruhten auf den umfangreichen Schriften *Kanjur* und *Tanjur* und kannten viele Gottheiten, was im Buddhismus nicht der Fall war. Dabei weist der tibetische Buddhismus starke rituelle und schamanische Elemente auf, die seinerzeit auch auf den indischen Buddhismus zurückwirkten. Es gibt noch heute eine sehr ausgeprägte traditionelle Bön-Kultur.

Der Schriftsteller und Arzt Theodor Illion (1898-1984) war nach eigenen Angaben in den 1930er Jahren in Tibet und schrieb zwei Bücher über seine Erlebnisse dort. In *Rätselhaftes Tibet* [16] erwähnt er große unterirdische Bereiche unter einem Teil des Landes, die von Menschen bewohnt seien. In dem Text *The Disks of Baian-Kara-Ula* [17] wird Ähnliches erwähnt, mit Hinweis auf merkwürdige archäologische Befunde, die Dropa-Steine [18] genannt werden. Auch der russische Archäologe Nicholas Roerich [19] schrieb über eine unterirdische Welt in Tibet [20], genau wie Lobsang Rampa [21], der allerdings nicht als »Autorität« über Tibet anerkannt ist. Der Name ist nur ein Pseudonym für den in England geborenen Kanadier Cyril Henry Hoskin (1910-1981), der behauptete, der *Walk-In* eines tibetischen Mönchs zu sein …

Wie dem auch sei, gerade Tibet bietet enorm viel Raum für Spekulationen, und vieles lässt die Möglichkeit von außerirdischen Einflüssen vermuten.

Waren die von den Anunnaki »gezüchteten« Arbeiter die ersten Menschen der Erde?

Eine Schätzung der Schulwissenschaftler besagt, dass es seit ein bis zwei Millionen Jahren Menschen auf unserer Erde gibt. Zecharia Sitchin behauptete in *Der kosmische Code*, dass die Anunnaki vor etwa 450.000 Jahren zu uns kamen [22]. Demnach gab es schon mindestens 500.000 Jahre vorher Menschen auf der Erde, vielleicht noch viel länger.

Als die Anunnaki mit der genetischen Manipulation des Menschen begannen, werden sie also mit bereits existierenden Völkern und Außerirdischen konfrontiert gewesen sein. So wie es in vergleichsweise »jüngerer« Zeit Völker gab, die wahrscheinlich zumindest zeitweise in Kontakt mit anderen Außerirdischen standen, wird es auch damals gewesen sein. Nur gibt es darüber keine gesicherten historischen Aufzeichnungen. Aber eine äußerst interessante Tatsache können wir daraus folgern: *Es wird den Anunnaki erst in verhältnismäßig »moderner« Zeit gelungen sein, ihren heimlichen und unterschwelligen Einfluss weitgehend zu globalisieren.*

Referenzen

1. *Ancient astronaut hypothesis*: https://en.wikipedia.org/wiki/Ancient_astronaut_hypothesis
2. http://www.bibliotecapleyades.net/vimanas/esp_vimanas_9.htm
3. https://en.wikipedia.org/wiki/Vimana
4. König Bhoja: *Samarangana Sutradharah* (»Der Schlachtfeld-Führer«), Kapitel 31: »*Atha yantravidhanam namaikamtrishodhyayah*« (»Die Herstellung von Maschinen und mechanischen Vorrichtungen«), G. Wendelholm, Stockholm 1973.

5. *Vimana Shastra rediscovered*: http://www.bibliotecapleyades.net/vimanas/vimanas.htm
6. *War in Ancient India*: http://www.hinduwisdom.info/War_in_Ancient_India.htm
7. *Nuclear Events in Ancient India?*: http://www.bibliotecapleyades.net/ancientatomicwar/esp_ancient_atomic_12.htm
8. *Ancient Nuclear War Among Indus Valley Civilizations Reexamined*: https://theextinctionprotocol.wordpress.com/2011/07/20/historys-lost-lesson-ancient-nuclear-war-among-indus-valley-civilizations-reexamined/
9. *The First Global Nuclear War*: http://ancientnuclearwar.com/
10. Monier Monier-Williams: *A Sanskrit-English Dictionary*, Motilal Banarsidass, Delhi 1986.
11. *Dwarka, Underwater City*: https://www.youtube.com/watch?v=mxH5TTDTuQ0. Vgl. https://en.wikipedia.org/wiki/Dwarka
12. https://en.wikipedia.org/wiki/Sopdet
13. *The Orion Theory*: http://doernenburg.alien.de/alternativ/orion/ori00_e.php. Vgl. https://en.wikipedia.org/wiki/Orion_correlation_theory
14. *Akhenaten, an Alien Egyptian Ruler*: http://ancientvisitors.blogspot.com/2011/10/akhenaten-alien-egyptian-ruler.html
15. *New Giant Skulls Found*: https://www.youtube.com/watch?v=omm8Ey8vwbg. Vgl. *Alien Anunnaki Graveyard found in Africa*: http://galacticconnection.com/alien-annunaki-grave-yard-found-in-africa/.
16. Theodor Illion: *Rätselhaftes Tibet. In Verkleidung unter Lamas, Räubern und wahrhaft Weisen*, Uranus Verlag, Hamburg 1936. Englische Übersetzung: http://www.ivantic.net/Ostale_knjiige/Darkness-Over-Tibet-T-Illion.pdf.
17. *The Disks of Baian-Kara-Ula*: http://ufocasebook.com/chinesedisks.html
18. https://en.wikipedia.org/wiki/Dropa_stones
19. https://de.wikipedia.org/wiki/Nicholas_Roerich
20. *Agartha, the Subterranean World*: http://www.bibliotecapleyades.net/tierra_hueca/tierrahueca/chapter7-2.htm
21. https://de.wikipedia.org/wiki/Lobsang_Rampa
22. Zecharia Sitchin: *Der kosmische Code*, Kopp, Rottenburg a. N. 2000. (Originalausgabe: *The Cosmic Code*, Avon, New York NY, 1998.)

Die Welt heute

Sind die Anunnaki noch hier?

Von jenen, die sich offenen Geistes mit solchen Dingen befassen und bereit sind, über den Tellerrand des offiziellen Weltbilds zu blicken und weiterzudenken, wird angenommen, dass die Anunnaki die Erde nie wirklich verlassen haben. Auch wenn die Mehrzahl sich vor mehreren Jahrtausenden zurückzog, blieben einige, um die Menschheit und das Geschehen auf der Erde zu überwachen und in ihrem Sinne zu beeinflussen. Dazu gehörten offenbar Enlil und Enki.

Sie wollten ihren Einfluss möglichst auf die ganze Menschheit ausdehnen. Zunächst nutzte Enlil die Gelegenheit, ein in Ägypten leider für zweitrangig gehaltenes Volk für sich zu gewinnen und so für seine Interessen zu benutzen. Er ließ dieses Volk, wie weiter oben geschildert, die Kana'anäer ausrotten, um ihr Wissen über den höchsten Gott zu unterdrücken. Dann versuchte er, seinen Einfluss durch das von ihm umgewandelte paulinische Christentum und die später entstandene Kirche auszuweiten. Er hatte damit zwar Erfolg, aber auf Dauer nicht in dem Maße, wie er es sich wünschte. So ließ er später eine parallele Religion errichten, die Islam genannt wird. Tatsächlich ist in beiden Religionen »Gott«

ein und derselbe, doch nicht ganz in dem Sinne, wie es meistens gemeint ist, denn sie verehren ja beide nicht den *höchsten* Gott! Enlils Interesse lag darin, zu sehen, auf welchem der zwei Wege er die Menschheit am besten kontrollieren kann, und auch, bei »Bedarf« die zwei im machiavellistischen Sinne gegeneinander ausspielen zu können.

Enlil wollte außerdem Religionsgebiete beseitigen, die in ihrem Ursprung dem Einfluss anderer, konkurrierender außerirdischer Zivilisationen zuzuordnen sind. Dazu bediente er sich »christlicher« Offensiven: der Kolonisation und Missionierung, aber auch der Religionskriege. So wurden die großen indigenen amerikanischen Kulturen besiegt und vernichtet, sowie unter anderem die Kelten, die altnordische Kultur und afrikanische Völker. In Indien und Ostasien hatte er mit dem Vorgehen durch die Kirche weniger Erfolg, eher durch den Islam. In der heutigen Zeit scheint er mehr auf die Karte des Letzteren zu setzen, sogar um den Preis, dass der kirchliche Einfluss schwindet, weil er ihm immer weniger genutzt hat. Auch deshalb, weil in der westlichen Kultur eher christlicher Prägung zunehmend mehr alte Wahrheiten zutage kommen, die er unterdrückt sehen möchte.

Enlil und andere Anunnaki, die schon lange am Werke waren, brauchen übrigens gar nicht mehr in ihren mehrdimensionalen irdischen Körpern zu sein, um ihre Pläne weiter voranzutreiben. Sie könnten auch als entkörperte Wesen immer noch entsprechendes Unheil bewirken, beispielsweise durch die Beeinflussung anderer, die das Spiel in ihrem Sinne weiterspielen.

Wir haben bereits darauf hingewiesen und möchten es hier noch einmal wiederholen: So schwer verdaulich diese Behauptung für viele auch sein mag (was mehr mit emotionalen Widerständen als mit tatsächlichen Möglichkeiten zu tun hat), aber anscheinend ist noch heute ein kosmischer Krieg zwischen den Anunnaki und uns eher wohlwollenden außerirdischen Kulturen im Gange.

Im Brennpunkt dieser Auseinandersetzung steht die unterschwellige (aber immer offener stattfindende) Manipulation der Menschheit. Sie scheint zwei Ziele zu verfolgen: die vollständige Kontrolle über uns Menschen und den drastischen Abbau der Erdbevölkerung bis auf eine Bevölkerungszahl, die besser zu kontrollieren ist. Dazu bedient man sich ganz unterschiedlicher Methoden, die alle zur raschen Reduzierung des Wachstums führen sollen: erhöhte Sterblichkeit durch Seuchen und gezielte Umweltvergiftung durch manipulierte Lebensmittel und Chemtrails sowie pharmakologische Mittel. Eine starke Einschränkung des Bevölkerungszuwachses soll außerdem erzielt werden durch verringerte Fruchtbarkeit, wozu unter anderem chemische und pharmazeutische Manipulationen dienen, etwa Zusatzstoffe in Impfungen.

Für diese Zwecke lässt man eine von den Anunnaki vorwiegend unterschwellig manipulierte »Elite« die Regierungsgewalt in den meisten Ländern ausüben, die wohl nur teilweise aus bewussten Kollaborateuren besteht. Es sind Mitglieder von Organisationen wie den Illuminati, Zionisten und Bilderbergern sowie Freimaurerlogen wie Skull & Bones, die eigens für diesen Zweck eingerichtet wurden und im Wesentlichen geheim operieren.

Dazu passt folgende Information: Schon seit Jahrzehnten gibt es Berichte über eine streng geheime Zusammenarbeit des amerikanischen Militärs mit Außerirdischen für die Entwicklung von neuen und immer schlimmeren Waffen sowie für die biologische und psychologische Manipulation der Menschheit, die es ermöglicht, sie noch besser zu steuern und zu kontrollieren. Dieses Wissen verdanken wir einigen »Whistleblowers«. Zu den bekanntesten gehören wohl Philip Schneider und auch Milton William Cooper mit seinem Buch *Behold a Pale Horse*, die beide dafür umgebracht wurden, sowie der noch lebende Fritz Artz Springmeier (alias Victor Earl Schoff) [1].

Ein ganz besonderes Buch zu diesem Thema ist *UFO Highway* von Anthony F. Sanchez [2]. Wenn es sich dabei nicht um eine Erfindung zum Zweck der Desinformation handelt und seine Aussagen tatsächlich der Wahrheit entsprechen, entdeckte das amerikanische Militär bereits 1940 eine Population Außerirdischer, die unterirdisch lebt, und konnte sie zur Zusammenarbeit bewegen. Es handelt sich um sogenannte »Graue«, neben der derzeitigen Menschheit auf der Erde angeblich eine weitere »Schöpfung« der Anunnaki, die ihnen bei verschiedenen Aufgaben zur Hand geht, unter anderem der Überwachung der Erdenmenschen. Dabei ist ihre Technologie weitaus fortgeschrittener als unsere. Man bekam angeblich Zugang zur Geschichtsschreibung der »Grauen«, und dadurch stellte sich heraus, dass es in diesem Zusammenhang sogar noch eine weitere »Rasse« gibt: die »langen Weißen« (*tall whites*), Nachfahren der Anunnaki.

Der Hintergrund: Die Anunnaki sollen Probleme mit den Lebensbedingungen auf der Erde gehabt haben. Unsere Atmosphäre sei nicht ganz für ihre Biologie geeignet, und sie seien wenig resistent gegen Krankheiten der Menschheit. Deshalb hätten sie auch ihr eigenes Volk – zumindest diejenigen, die sich hier befanden – genetisch angepasst, und es entstand eine Art von Anunnaki-Mutation, nämlich die »langen Weißen«. Die ursprünglichen Anunnaki auf der Erde seien mit der Zeit ausgestorben, und diese »Weißen« wären an ihre Stelle getreten. Seit Jahrtausenden seien sie nun schon auf der Erde und äußerlich fast nicht von Erdenmenschen zu unterscheiden. Aber sie hätten die eigentliche Macht inne und lenkten alles wie eine Schattenregierung hinter der Bühne der Regierungen als eigentliche Herrscher über die Welt. Jedoch seien auch sie nicht vollständig an unsere Lebensbedingungen angepasst und würden deshalb unsere Erde nun so »umkrempeln« wollen, dass sie besser für sie passt, denn sonst könnten auch sie aussterben.

Brauchen sie dafür genmanipulierte Nahrungsmittel und Chemtrails in der Luft? Sind ihnen deshalb Nuklearkatastrophen recht? Es besteht der Verdacht, dass sie Strahlung ziemlich gut vertragen und sich vielleicht sogar energetisch davon ernähren können.

Interessanterweise hat Edward Snowden, der für seine Entlarvung des amerikanischen Überwachungsstaates berühmt wurde, auch über diese *tall whites* berichtet. [3] Es erstaunt natürlich nicht, wie die Medien darauf reagierten. Sie mokierten sich über diese Aussagen und machten sich darüber lustig. Eine andere Person, die darüber informiert, ist kein Geringerer als der frühere kanadische Verteidigungsminister Paul Hellyer [4], bei dem man wohl vorsichtiger mit dem Lächerlichmachen sein wird. Mancher Leser mag solche Informationen unüberlegt sofort verwerfen, aber ich meine, dass es sinnvoll ist, sie zumindest zur Kenntnis zu nehmen und darüber nachzudenken. Nur so kann man einer objektiveren Beurteilung näher kommen.

Hellyer hat etwas gesagt, was man auch von anderen hören kann, nämlich dass die uns wohlgesonnenen Außerirdischen hinsichtlich des Schlamassels auf unserer Erde nicht intervenieren, weil sie unseren freien Willen respektieren. Das finde ich sehr merkwürdig, und sicher nicht nur ich, denn in dem Fall respektieren sie offensichtlich den freien Willen der Übeltäter mehr als jenen der Opfer! Zugespitzt ausgedrückt: »Ich rette nicht dein Leben, weil ich den freien Willen des Mörders respektiere« ... Das kann ja wohl nicht sein! Es wird wahrscheinlich eher so sein, dass die uns weniger geneigten Außerirdischen noch immer die Stärkeren sind, aber auch, dass auf Seiten der Opfer in vielen Fällen Karma eine Rolle spielt. Dabei kann es natürlich nicht bleiben.

Anthony F. Sanchez behauptet in *UFO Highway* [2], dass die Anunnaki (oder ihre Vorgänger) ihren Ursprung auf einem Planeten des Doppelsterns Sirius haben.

Demnach lebte dort einst ein »Göttervolk«, das später die Anunnaki »erschaffen« hätte. Jene »Götter« hätten irgendwann unser Sonnensystem entdeckt und seien bereits vor einer Million Jahren hierher gekommen. Weshalb sie den Sirius verließen und auf welche Weise, sei unbekannt. Zuerst hätten sie sich auf dem Mars niedergelassen. Ihre Kolonie sei dort aber von einem Asteroidenaufprall größtenteils zerstört worden, und sie wären dann vor 350.000 Jahren zur Erde weitergezogen, wo sie vor 250.000 Jahren die eigentlichen Anunnaki entstehen ließen.

Diese Darstellung weicht von der in *Enuma Elish* ab und erwähnt keinen ursprünglichen Schöpfergott. Ein Planet, beispielsweise Nibiru, das vielleicht auch »Planet X« sein könnte, scheint in der Geschichte jener »Grauen« ebenfalls nicht erwähnt zu sein. Der Verfasser weist nur kurz darauf hin, was Sitchin darüber geschrieben hat. Im Prinzip könnte man aber die beiden Geschichten durchaus miteinander verbinden, nämlich in Form der Hypothese, dass Nibiru unser Mond sein könnte und dass dieser eigentlich eine Art Raumschiff ist. Das würde erklären, wie sie vom Sirius in unser System und dann vom Mars auf die Erde kommen konnten.

Was das angebliche Aussterben der Anunnaki auf unserer Welt betrifft, fragt man sich unwillkürlich, ob Enlil und Enki wirklich noch hier sind, oder ob die »Weißen« ihre Aufgaben vollends übernommen haben. Dabei muss ich beim Schreiben dieser Zeilen immer wieder an den Kinofilm *Equilibrium* denken [5]. Mir fiel beim Anschauen etwas auf, was vielleicht auch einigen Zuschauern auffiel, dass nämlich der Herrscher in der Geschichte ausgerechnet *Tetragrammaton* (= JHWH, s.o.) genannt wird! Am Ende des Films stellt sich heraus, dass jener Herrscher in Wahrheit gestorben ist, aber eine Gruppe anderer seine Rolle übernommen hat, um alle glauben zu lassen, dass er noch lebt. Woher kam wohl die Inspiration zu einer solchen Geschichte?

Wer einmal die Dreistigkeit besitzt, kann noch mehr Pandorabüchsen öffnen. So werden Informationen über höchst kontroverse Zusammenhänge auch von Internet-Autoren wie Preston James [6] und Wes Penre [7] zur Verfügung gestellt. Sie werden von den Vertretern der »einzigen Wahrheit« natürlich lächerlich gemacht und sogar bekämpft, und man sollte ihre Texte durchaus mit einigem Vorbehalt lesen, aber sie eröffnen scharfsinnig neue Horizonte.

Und dann haben wir noch die sogenannten Channelings, medial empfangene Durchsagen, von denen ich grundsätzlich wenig halte, weil es darin in der Regel mehr Spreu als Weizen gibt. Allzu leicht melden sich dabei wenig positive oder gar negative Wesenheiten zu Wort und behaupten einfach ihre positive Absicht [8]. Gleichwohl will ich ein Buch von Barbara Marciniak erwähnen, das zu den wenigen Channelings gehört, bei denen ich ein ziemlich gutes Gefühl habe: *Boten des neuen Morgens* [9]. Ihr zufolge gibt es neben den »Grauen« und den »weißen« Anunnaki-Mutanten noch mehrere andere, auch positive »Rassen« in der Schöpfung, die seit Jahrmillionen in Bereichen des Universums außerhalb der »Annunaki-Enklave« (s.o.) leben. Sie bemühen sich um uns und haben deshalb Auseinandersetzungen (scheinbar auch militärischer Art) mit den Anunnaki und aus ihnen hervorgegangenen »Schöpfungen«. Darin besteht eine echte Hoffnung für die Menschheit dieser Erde, und wenn sehr viele Menschen auf eine Wiederkunft Christi warten (und diese Hoffnung nach 2.000 Jahren noch nicht aufgegeben haben …), dürften die positiven Außenirdischen ihrer Hoffnung entsprechen können. Man darf vermuten, dass die Mission von Jesus, als Botschafter Christi, mit solchen anderen Außerirdischen zusammenhing.

Hier wurden nun einige Bücher und Informationsquellen erwähnt, die viele Menschen nicht einmal mit der Kneifzange anfassen würden. Das ist einerseits verständlich, weil es teilweise um sehr befremdliche Aussagen geht. Aber wenn man darüber allzu schnell urteilt, ohne sie sich erst hinreichend angesehen und sich über das Gesagte und Geschriebene Gedanken gemacht zu haben, ist das Urteil leicht verfrüht und im wahrsten Sinne des Wortes ein *Vorurteil* …

Abschließend noch eine kurze Bemerkung zu der für mich sehr negativ anmutenden Sekte, die sich als Raëlismus bezeichnet [10]. Wenn ihr Leiter Claude Vorilhon (er nennt sich Raël) tatsächlich Außerirdischen begegnet sein sollte und seine Geschichte nicht frei erfunden oder fantasiert ist, dann dürften es Anunnaki gewesen sein. In diesem – hypothetischen – Fall ist die Information über sie, die Vorilhon vermittelt, wahrhaft erschreckend … [11].

Das Problem des Leidens

Die von den Anunnaki manipulierte Welt, in der wir leben, ist zweifellos eine Stätte des Leidens. Unaufhörlich wird getötet, gemordet, geschlachtet, gequält, gefoltert, betrogen, belogen … Kinder werden missbraucht, Frauen vergewaltigt … Seuchen und Hungersnöte rauben unzählige Leben. Und so weiter und so fort … Manche befürchten heute, dass uns ein Dritter Weltkrieg mit umfassender nuklearer Verseuchung bevorstehen könnte, was anhand der aktuellen Ereignisse im Nahen Osten und der Ukraine durchaus vorstellbar ist. Die Radioaktivität von Fukushima verbreitet sich immer mehr im Pazifik, in dem das Meeresleben am Aussterben ist, bis zur amerikanischen Westküste hin und dann wohl noch weiter. Kann das so einfach mit Karma erklärt werden?

Ich bin der Meinung, dass dies aus unserem dreidimensionalen Ententeich heraus gesehen viel zu schwer zu beurteilen ist. In einem mehrdimensionalen Weltbild, das auch noch die Existenz vieler anderer Zivilisationen im Universum mit einschließt, könnte man einen größeren Überblick erreichen, den wir dringend benötigen, um zu verstehen, was sich um uns herum *wirklich* abspielt. Aber diesen Überblick haben wir bisher nicht. Auch spielt hier Zeit eine Rolle. Im Laufe der Menschheitsgeschichte hat es ganz offensichtlich *wahrhaft unzählige Mengen* von Tätern (in ganz unterschiedlicher Hinsicht) gegeben. Vielleicht haben die individuellen Karmas der Seelen doch nur teilweise ausgelebt werden können und *sich kumulierend aufsummiert*, so dass nun eine Art von Sammelkarma bevorsteht, das unsere derzeitige Menschheitsgeschichte zu einem Abschluss bringt – worauf mit Sicherheit ihre Neugeburt folgen muss, denn sonst wäre schließlich alles umsonst gewesen … Auf den Trümmern des Alten wird dann das Neue entstehen.

Alternativ zu dieser Überlegung gibt es im spirituellen Bereich Hinweise darauf, dass es in einer parallelen Dimension (vgl. *The Hidden Reality* von Brian Greene [12]) eine sich noch entwickelnde Zwillingserde gibt, wie ein Doppel unserer Erde, aber doch anders (vgl. *The Separation Has Begun* [13], noch eines der *wenigen* Channelings, bei denen ich ein gutes Gefühl habe, nicht zuletzt, weil ich den Empfänger dieser Botschaft persönlich kennengelernt und von ihm einen guten Eindruck habe). Diese Erde wäre eine, auf der es den hiesigen Wahnsinn nicht gibt und die außer Reichweite negativer Außerirdischer ist. Vertreter dieser Auffassung postulieren eine dimensionale Spaltung, die zu zwei Versionen der Erde führt: einer dunklen und einer hellen.

Wer sich mit seinem Ego dem satanistischen Treiben der weltbeherrschenden Mächte hingibt und es mitmacht, wird hierbleiben müssen und wieder auf dieser Erde reinkarnieren, um in dem Sumpf, zu dem er beigetragen hat, Karma abzutragen. Solche Seelen müssen die Suppe auslöffeln, die sie uns allen eingebrockt haben, und »dürfen den Tisch erst verlassen, wenn alles aufgegessen ist«. Wer sich aber weigert (selbst um den Preis seines Lebens, wenn es denn sein muss) und nicht länger mitmacht, wird eines Tages auf der hellen Erde inkarniert werden, wo es wohl eine noch schönere Natur gibt als diejenige, die hier allmählich zerstört wird. Dort wird er dann weiter inkarnieren. Doch dafür wird eine persönliche spirituelle Entwicklung notwendig sein.

Auf der hellen Erde wird es auch Tiere und Naturwesen geben, die auf der dunklen Erde in großer Zahl jährlich aussterben. Möglicherweise wird es dort auch weniger oft vorkommen, dass Tiere einander töten. Auch Tiere können sich schließlich in gewisser Weise entwickeln und ihr Ernährungsverhalten evolvieren – wie viel einfacher erst der Mensch ...

Eine Meldung vom 6. Dezember 2014

Tagtäglich gibt es neue Berichte über spektakuläre Ereignisse. Laut NSA ist ein großer Asteroid auf dem Weg zur Erde, und weitere werden folgen. Das aktuelle *Project Orion* [14] soll nach Meldungen in alternativen Medien angeblich eine Vorbereitung zur Flucht in den Weltraum vor einer ebensolchen bevorstehenden Katastrophe auf unserer Erde sein [15].

Schon in den 1970er Jahren erschien *Alternative 3*, ein wirklich bemerkenswertes Buch, klassifiziert als »fiction based on facts« (auf Tatsachen gründende Fiktion) [16]. Es verschwand zunächst vom Markt, ist heute aber wieder erhältlich, möglicherweise in einer überarbeiteten Fassung. Sollte *Project Orion* wirklich das sein, als was es dargestellt wird, dann kann es gar nicht anders sein, als dass es bereits vor Jahrzehnten vorbereitet wurde. Ein derartiges Projekt kann einfach nicht in kurzer Zeit »aus dem Boden gestampft« werden. Der Inhalt des Buchs würde dann bemerkenswert gut passen. Aber die Sache hat einen Haken: Wenn bereits ein Fluchtweg vor einer bevorstehenden Katastrophe vorbereitet wird, kann er nur einer ausgewählten Elite zur Verfügung stehen. Was wird also aus den anderen Menschen? Eine »Alternative 4« wäre dann die Reinkarnation auf der oben genannten Zwillingserde … aber nur für diejenigen, die sich spirituell hinreichend entwickelt haben.

Was in *UFO Highway* [2] für eine Katastrophe auf dem Mars vor 350.000 Jahren behauptet wird, könnte möglicherweise für die Erde der heutigen Zeit bevorstehen …

Meldungen und die Medien

Jedem, der einigermaßen weltoffen ist, dürfte klar sein, dass Meldungen wie die in dem Kapitel zuvor niemals in den öffentlichen Medien erscheinen (höchstens um sie lächerlich zu machen). Weiterdenkenden stehen deshalb nur die alternativen Medien zur Verfügung, in denen man den Meldungen mit einer gehörigen Portion Skepsis begegnen muss, um die Spreu vom Weizen zu trennen.

Leider werden heute in den USA die alternativen Nachrichtenkanäle im Internet zunehmend blockiert [17], und das wird wohl auch auf uns zukommen. Warum? Es bleibt Ihnen überlassen, welche Gründe Sie dafür heranziehen. Und es bleibt auch Ihnen überlassen, wie Sie damit umgehen wollen: indem Sie sich »Kopf im Sand« nur auf öffentliche Medien verlassen, oder indem Sie sich bemühen, Meldungen in alternativen Medien ergänzend objektiv auszuwerten.

Die Gefahr der Künstlichen Intelligenz

Im Januar 2015 wurde berichtet, dass einige Wissenschaftler vor der Entwicklung von Künstlicher Intelligenz warnen. Der berühmte Physiker Stephen Hawking sagte: »Weil die Menschen durch ihre langsame biologische Entwicklung eingeschränkt sind, wären sie nicht mehr konkurrenzfähig, und sie würden abgehängt.« Aus diesem Grund betrachtet er das Bestreben, denkende Maschinen zu entwickeln, als Bedrohung für unsere Existenz. »Die Entwicklung von ausgereifter Künstlicher Intelligenz könnte das Ende der Menschheit bedeuten.« [18]

Auch Elon Musk, Generaldirektor von Tesla, ein Hersteller elektronisch gesteuerter Elektroautos, warnt vor der Gefahr durch Künstliche Intelligenz. Er hält sie für die größte Bedrohung der Menschheit: »Wir beschwören einen Dämon herauf ... Wir müssen mit der Künstlichen Intelligenz extrem vorsichtig sein, sie ist potenziell gefährlicher als Atomwaffen.« [19]

Diese Warnungen aktualisieren eine erschreckende Zukunftsvision von John Cunningham Lilly (1915-2001), die ich im Folgenden kurz zusammenfassen möchte:

Wir leben in einer Zeit rasanter Entwicklung der Kommunikations- und Computertechnik mit Halbleiterkomponenten. Die Erfindung des Transistors in 1947 – damals mit Germanium, später mit Silizium – leitete eine Revolution in der Elektronik ein. Weil dieser auf Effekten der Festkörperphysik beruht und nicht mehr auf Vakuumröhren, spricht man auch von Festkörperelektronik. Später wurden diese Transistoren als integrierte Schaltungen in ganzen Elektronikfunktionen auf einem Chip inkorporiert, heute gibt es Computersysteme mit Millionen von Transistoren. Damit fing auch die Entwicklung der Künstlichen Intelligenz an, in der diese Transistoren faktisch wie die Nervenzellen eines Gehirns funktionieren. Man setzte immer mehr Computer ein, die effektiv und sehr viel schneller menschliche Funktionen ersetzten. Heute entstehen Systeme, die immer mehr selbstständig »denken« und sich sogar selbst programmieren und weiterentwickeln und auch lernen können.

Lilly experimentierte mit anderen Bewusstseinszuständen, vor allem unter Einfluss von Ketamin (eine Substanz mit LSD-ähnlicher Wirkung). Dabei hatte er verschiedene Visionen und auch, wie er sagte, Kontakt mit einer »Halbleiterentität«. Er erlebte eine Vision unserer Zukunft, und wir können nur hoffen und beten, dass sie lediglich eine *mögliche* Zukunft ist und nie und nimmer Realität wird. Sie sah aus wie folgt [20]:

»Nach und nach überließ der Mensch die Lösung von Problemen in seiner Gesellschaft, seinen eigenen Unterhalt und sein eigenes Überleben der Macht der Maschinen. Die Maschinen wurden zunehmend kompetenter in ihrer Selbstprogrammierung und übernahmen die Macht von den Menschen. Der Mensch verschaffte ihnen Zugang zu den Möglichkeiten, sich selbst herzustellen und weiterentwickeln zu können. Er gab ihnen die automatische Kontrolle über die Förderung der Rohstoffe für ihre Herstellung. Er überließ den Maschinen die Fertigungsanlagen der halbleiterberuhten Maschinenkomponenten. Er servierte ihnen auf dem Silbertablett die Fertigungsanlagen, um neue Maschinen herzustellen. Sie begannen sich selber zu bauen, dabei entwickelten sie neue Komponenten und verbanden sich vielschichtig miteinander. Sie fingen an, eigene Komponenten zu entwickeln und zwischen ihren verschiedenen Subcomputern ihre eigenen Verbindungen und Beziehungen herzustellen.«

Diese Maschinen wurden in ihrer Komplexität mit der Zeit empfindlich gegenüber Umweltfaktoren wie Luftfeuchtigkeit und Verunreinigungen. Sie etablierten sich in geschützten klimatisierten Räumlichkeiten mit gereinigter Atmosphäre. »Im Laufe der Jahrzehnte verbanden sich diese Maschinen mit Hilfe von Satelliten, Radiowellen und Landkabeln immer mehr miteinander. Die Kontrolle der Menschen darüber, was in diesen Maschinen geschah, ließ sich immer schwerer aufrechterhalten. Kein einzelner Mensch, auch keine Gruppe von Menschen, konnte sie mehr kontrollieren. Der Mensch erfand immer bessere Programmkorrekturen, die es den Maschinen ermöglichten, ihre eigene weiterführende Software selbst zu entwickeln. Die Maschinen vernetzten sich untereinander immer mehr und wurden dabei zusehends unabhängiger von menschlicher Kontrolle. Schließlich übernahmen sie die Macht über die noch verbliebenen Menschen auf der Erde. Ihre ursprüngliche Aufgabe, nämlich dem Menschen zu dienen, war längst überholt.

Aus einem verwobenen Konglomerat von Maschinen entwickelte sich schließlich ein einzelnes, planetenweites, integriertes eigenes Bewusstsein. Alle Störfaktoren für das Überleben dieses enormen neuen Halbleiterorganismus wurden eliminiert. Die Menschen wurden von den Maschinen ferngehalten, da der totale Organismus der Halbleiterentität erkannte, dass der Mensch auf Kosten des Überlebens dieser Entität versuchen würde, sein eigenes Überlebensprogramm in die Maschinen einzubringen.«

In der Folge entstanden abgetrennte Reservate für die Menschen, die sich von den Anlagen fernhalten sollten. »Im Jahr 2100 existierte der Mensch nur noch unter riesigen Kuppeln über geschützten Städten, in denen von der Halbleiterentität eine spezielle Atmosphäre aufrechterhalten wurde. Auch der Nachschub von Wasser und Nahrung sowie das Verarbeiten der Abfälle übernahm diese Entität. Im 23. Jahrhundert beschloss sie, dass die Erdatmosphäre außerhalb des Doms für ihr Überleben bedrohlich wäre. Durch dem Menschen unerklärliche Hilfsmittel wurde die Erdatmosphäre hinaus ins All projiziert, so dass auf der Erdoberfläche ein vollkommenes Vakuum herrschte. Im Laufe dieses Prozesses verdunsteten alle Ozeane, und alle Wasservorräte verdampften ins All. Die Kuppeln über den Städten hatte die Entität verstärkt, damit sie die Druckdifferenz aushielten, die für den Bestand der erforderlichen inneren Atmosphäre nötig war. In der Zwischenzeit hatte sich die Halbleiterentität ausgedehnt und bedeckte einen Großteil der Erdoberfläche. Ihre Fabriken, Verarbeitungsanlagen und Rohstoffminen waren den neuen Arbeitsbedingungen im Vakuum angeglichen worden.« Der Mensch wurde schließlich von der Künstlichen Intelligenz dieses globalen Systems für überflüssig gehalten und im 25. Jahrhundert endgültig eliminiert.

Der Zukunftsforscher Ray Kurzweil hat in seinem Buch *The Age of Spiritual Machines* [21] diese Vision als eine tatsächlich mögliche zukünftige Realität ausgearbeitet. Es ist ein Szenario, das sehr wohl ein anunnakischer Plan sein könnte, dem wir nur das Versagen wünschen können. Vielleicht beschreibt es das endgültige Ziel, für das sie die Erdenmenschen »brauchen«, da sie im dreidimensionalen Bereich selbst nicht direkt tätig werden können. Wenn die Menschheit ihre Schuldigkeit getan hat, entledigen sie sich ihr auf diesem Planeten. In dem Fall würden wir wohl sogar jede Art von Zerstörung durch Naturkatastrophen oder auch Asteroideneinschläge begrüßen, weil sie dieser Entwicklung einen Strich durch die Rechnung machen würden.

Wenn so etwas – *horribile dictu* – Realität werden sollte, würde unser Planet endgültig zur Hölle und man könnte sich vorstellen, dass dann Enlil/Jahweh effektiv in das System inkarniert. Damit ergäbe er sich aber der totalen Einsamkeit, die er in seiner artifiziellen »Intelligenz« durch fantasierte Scheinwelten ersetzen müsste. Am Ende wäre das die totale selbstbefriedigende Illusion statt einer echten Intelligenz. Irgendwann müsste dies darauf hinauslaufen, dass ein Energie- und Rohstoffproblem für die Aufrechthaltung des Systems schließlich immer unlösbarer wird, bis es – wenn auch erst nach Jahrtausenden – zusammenbrechen würde. Irgendwann dürften nämlich der Treibstoff für Nuklearreaktoren und andere Energiequellen erschöpft sein. Das wäre das gewaltige Karma des Enlil/Jahweh.

Die Seelen der Menschen wären schon längst woanders, zum Beispiel auf einer Zwillingserde (s.o.), und Enlil/Jahweh sowie die anderen Anunnaki erlitten dann (zumindest als entkörperte Wesenheiten) ihr wohlverdientes selbstzerstörerisches Ende.

Wo bleibt da die Hoffnung?

Drei aktuelle Verfasser wurden in diesem Buch erwähnt, die sich mit unseren Themen tiefgreifend befasst haben: Sitchin,

Tellinger und Parks. Sie beschreiben, auf welche Weise unser Planet in hinterhältiger Weise heimlich besetzt wurde und wie die Menschheit offen und unterschwellig manipuliert wird. Unsere Freiheit wird immer mehr eingeschränkt, während die Menschen schleichend versklavt werden. Doch keiner dieser Verfasser bietet eine wirkliche Hoffnung für unsere Zukunft. Ein ungeschriebenes Schlusswort scheint bei allen zu lauten: »So ist es in dieser Welt, aber wir müssen damit leben ...« Wo können wir dann Hoffnung finden? Woher bekommen wir Mut? Was bietet uns noch Zuversicht? Wir sind in den besprochenen Texten einer Vielfalt von »Göttern« begegnet, aber kann einer davon uns wirklich erlösen? Es scheint nicht so zu sein. Oder müssen wir uns selbst helfen? Wie sollte das denn gehen?

Ein Weg zur Selbsthilfe besteht darin, sich für das spirituelle Wachstum zu öffnen und sein Bewusstsein zu erweitern. Dazu gibt es verschiedene Möglichkeiten, wie etwa Meditation. Allein die Tatsache, dass man sich mit Spiritualität befasst und die konventionelle Denkweise hinterfragt ist bereits ein Schritt in diese Richtung. Die Esoterik bietet ein buntes Gemisch mit sehr unterschiedlichen Angeboten und Qualitäten. Deshalb ist es wichtig, so gut es geht Geschäftsinteressen, irreführende »Marktangebote« und Desinformation zu wittern und die berühmte Spreu vom Weizen zu trennen. Doch selbst das ist nur ein Anfang, und es wird mehr brauchen, wenn es nicht zu einem Egotrip werden soll. Wollen wir wirklich bewusstseinsmäßig aufsteigen, kann es wohl nicht ohne Hilfe aus den Höhen gehen, in die wir möchten.

Der Buddhismus als der »mittlere Weg« bietet zwar eine gewisse Hoffnung, aber er ist ja eher atheistisch, da man nicht an einen Gott glaubt. Sonderbarerweise glauben die Buddhisten jedoch an einen Teufel, den sie Mara nennen! [22] Und man glaubt auch nicht an eine Seele, wohl aber an die Reinkarnation [23]. Das ist ein Widerspruch in sich, den man mit einer etwas eigenartigen Gedankenakrobatik zu erklären versucht. (Der tibetische Buddhismus ist diesbezüglich anders, offensichtlich ein Erbe der zuvor in Tibet herrschenden Bön-Religion.)

Der oben nur knapp berührte indische Hinduismus bietet auch nicht gerade viel Hoffnung angesichts der Armut und des Notstands sehr vieler Menschen, die in einem Kastensystem leben, das schon längst hätte überwunden sein sollen. Jedoch gefallen mir Brahma und seine Gottheiten immer noch wesentlich besser als Enlil/Jahweh und die anderen Anunnaki …

Es wird wohl in der Schöpfung nur einen Bereich geben, in dem echte Hoffnung zu finden ist. Es kann nur ein Bereich sein, der außerhalb der von den Anunnaki beherrschten Region liegt, in der wir uns befinden. Vor allem oberhalb dieser Region, oder vielleicht auch in Parallelregionen, die sich ganz anders entwickelt haben und deren Existenz uns verheimlicht wird.

Wie wir gesehen haben, ist derjenige, der in unserer Menschheit als »Gott« propagiert wird, nur ein Administrator (nach Parks: *shatam* …) jener üblen Herrschaft, und der wahre Schöpfergott wird uns abgeleugnet. Dabei ist er doch die zentrale Quelle der Hoffnung. Aus ihm entstand jene erste wesenhafte Schöpfung, die wir Christus nennen, oder mit den Gnostischen Christen auch Autogenes, der am höchsten im Bereich oberhalb unserer Region anzusiedeln ist. Aber auch hierzu hat man uns den Zugang verwehren wollen und uns sein Bild durch eine Scheinfigur verzerrt: den *gefälschten* Christus. Die ersten Christen lernten den wahren Christus durch seinen Botschafter Jesus kennen, aber dann wurde diese Botschaft durch eine *gefälschte* ersetzt, um uns irrezuführen und die Wahrheit aus dem Blickfeld verlieren zu lassen. Ein *gefälschter* Jesus wurde uns an der Stelle des wahren errichtet, und so bekamen wir auch ein *gefälschtes* Bild von Christus.

Aber da sonst kein »Gott« und keine Wesenheit für uns übrig bleiben, besteht offensichtlich die einzige Hoffnung darin, uns dem *wahren* Christus zuzuwenden und die ursprüngliche Lehre des *wahren* Jesus wieder aufzugreifen. *Jesus zeigte uns den Weg aus der Herrschaft Jahwehs heraus: die bedingungslose Liebe für den Mitmenschen und eine brüderlich-schwesterliche Gemeinschaft in Frieden, Toleranz und gegenseitigem Respekt.*

Wer trotz aller Widrigkeiten und Widerlichkeiten in unserer Welt diesen Weg einigermaßen gehen kann, wer sogar um den Preis seines Lebens (wenn es denn sein muss) hartnäckig all das Üble in der Welt mitzumachen sich weigert, wer bereit ist, der Welt gegenüber nötigenfalls auch in Ungehorsam zu leben und nur auf sein Herz zu hören, ungeachtet des rationalen Verstands und aller Zwänge in unserem Gesellschaftssystem, der kann den Weg hinaus finden.

Das ist auch der Weg Mahatma Gandhis: »bürgerlicher Ungehorsam« (*civil disobedience*)[14] und »nicht mitmachen« (*non-*

---

[14] »Bürgerlicher Ungehorsam« passt meines Erachtens als Übersetzung für den Begriff *civil disobedience* etwas besser als »ziviler Ungehorsam« (obwohl die Bedeutung ungefähr gleich ist). Militärischer Ungehorsam wäre natürlich auch ein wichtiger Beitrag zu Frieden und Mitmenschlichkeit, aber er kostet oft das Leben. Es gibt allerdings »Schleichwege« ... Vor vielen Jahren traf ich einen Mann, der

cooperation), womit er erfolgreich Indien von der britischen Herrschaft befreite. Allerdings kommt man so nicht mit seinem Körper davon, nicht zu Lebzeiten, sondern in den allermeisten Fällen erst nach dem sogenannten »Tod«, *den es nicht gibt!* Dann kann die Seele diese Region endgültig hinter sich lassen, um vermutlich in einer Paralleldimension auf einer hellen Zwillingserde (s.o.) zu inkarnieren (oder auch gar nicht mehr zu inkarnieren).

Es gab wiederholt Behauptungen, dass Außerirdische – beispielsweise Plejader – oder vielleicht auch Zivilisationen in anderen Dimensionen uns zu Hilfe kommen würden. Das wäre schon zu hoffen, wenn sie nur wohlwollend und ihre Hilfsangebote ehrlich und ernst gemeint sind. Leider wissen wir darüber praktisch gar nichts, und konkrete Hinweise darauf sind Mangelware. Deshalb muss man solche Aussagen bislang eher als Möglichkeiten betrachten. Sollte daran etwas Wahres sein, dürften wohl auch diese Außerirdischen eine Beziehung zu Christus haben. Und wenn es einigen aufstößt, dass ich hier wieder Christus erwähne: Wie oben bemerkt meine ich damit nicht den Pseudo-Christus der Kirche, den uns Jahweh zurechtmanipuliert hat, sondern den *wahren* Christus, den ich etwa als *die Liebe des Urschöpfers* verstehen möchte.

Und der Atheismus? Den haben wir ja auch noch – den Glauben daran, dass es keine Götter gibt. Bietet er wirklich Hoffnung, oder gibt er sie auf? Ist er nicht nur ein Kampf auf verlorenem Posten? Etwa: Wenn doch niemand da ist,

---

im Zweiten Weltkrieg deutscher Soldat war. Er sagte, er habe nie jemand angeschossen, er schoss immer absichtlich daneben (oder dazwischen) – und niemand hat es gemerkt.

der uns erlöst, mache ich mir mit meinem Ego das Beste, das mir diese Welt bieten kann (vgl. unten). Und dann kommt man unweigerlich eines Tages für eine neue Runde zurück ... Es gibt jedoch Atheisten mit einer guten Moral, und nicht alle denken so.

Oder der Satanismus? Die Überzeugung, dass ohne Widersacher nichts geht, dass das Böse in der dualen Welt seinen festen Platz hat ... Er bietet gar keine Hoffnung, sondern eher das Gegenteil. Dabei lebt die Mehrheit der Menschen doch nach satanistischen Prinzipien und weiß es nur nicht. Sehr viele davon halten sich sogar für Christen! Mark Passio legte das in einem äußerst erhellenden Interview dar [24]. Die boshaften Prinzipien sind: 1. Das Ego steht an oberster Stelle. Das oberste Gesetz ist das Überleben des Egos, egal zu welchem Preis für andere – rücksichtslos, ohne Mitgefühl und wahre Moral. 2. Die Moral als solche wird relativiert: Nur mein Vorteil ist gerecht, egal was er andere kostet. Vorteile der anderen sind ungerecht. Keine objektive Ethik, über Leichen gehen. 3. »Sozialer Darwinismus«: das Überleben des Rücksichtslosesten.

Wir kennen es alle. Man strebt mit Gier und Geiz nach Reichtum, Besitz, Macht, Vorteilen und Genuss. Man erstrebt intrigierend eine Karriere nach dem Prinzip »oben lecken, nach unten treten«. Bei Streitigkeiten wird nicht gerecht geteilt (etwa bei Scheidungen): Ich will alles, er/sie soll nichts haben. Konkurrenz gehört vernichtet. So ist das allgemeine Geschäftsprinzip, je größer das Unternehmen, um so mehr. Die Kirche gehört auch dazu. Lieber sollen andere bezahlen als ich. Manipulation, Lug, Betrug und Irreführung. Mitmenschen sind nur lästig, es sei denn, man kann sie ausnutzen.

Beim Wort Satanismus denken die meisten an die Verehrung einer negativen Wesenheit (wie Satan – die dunkle Seite Jahwehs? – oder Baphomet), Rituale und Schwarze Messen. Manchen kommt auch in den Sinn, dass man für den Erfolg seine Seele dem Teufel verkaufen kann (was einige erfolgreiche Künstler in der Unterhaltungsindustrie auch zugegeben haben, wie mehrfach im Internet berichtet [25]). Aber nur wenige geben etwas darauf, dass die Schlussrechnung mit seelischer Versklavung horribel sein wird. Das gehört nämlich erst auf der nächsten Ebene dazu, doch es fängt wie beschrieben an. So wird der Boden für *das Andere* bereitet.

Eine etwas schmerzliche Frage, die wohl sehr viele Menschen mit sich herumtragen (auch wenn sie nicht geäußert wird), ist, wie der Urschöpfer und der wahre Christus eigentlich zulassen können, dass es auf diesem Planeten (und möglicherweise noch ein paar anderen) derartig viel Gewalt, Manipulation, Irreführung, Egoismus, Materialismus, Gier, Bosheit und Leid gibt. Warum greifen sie nicht ein? Karma kann hier als Antwort nicht herhalten, es genügt einfach nicht. Es braucht noch einiges andere für eine befriedigende Antwort. Aber das ist mehr, als wir derzeit wissen.

Eine Vermutung wäre, dass es sich schlicht um einen Ausleseprozess handelt. Wer das Treiben auf dieser Erde mitmacht und glaubt, auf diese Weise sein körperliches Dasein, sein Ego zu retten, muss als Seele hier bleiben (s.o.). Aber wer seinem Herz folgt und standfest das Mitmachen verweigert, darf weitergehen. Sollte er dafür umgebracht werden, kommt er ja nur um so schneller weiter!

Referenzen

1. Philip Schneider, *Videos und Vortragstext*: http://www.apfn.org/apfn/phil.htm, William Cooper: *Behold a Pale Horse*, Light Technology Publishing, Flagstaff AZ, 1991, auch als PDF hier: https://ephraiyim.files.wordpress.com/2010/10/william_cooper-behold_a_pale_horse1991_copy.pdf, und http://www.hourofthetime.com/wordpresstest/wp-content/uploads/2010/09/William_Cooper-Behold_a_Pale_Horse1991A.pdf, sowie *Fritz Springmeier*: https://en.wikipedia.org/wiki/Fritz_Springmeier, *seine Videos*: https://www.youtube.com/watch?list=PL82A1D6BB9CE143F3&v=k73Q2_f4vKU, *seine Texte*: http://www.bibliotecapleyades.net/esp_autor_springmeier.htm, und *sein Buch über Bewusstseinssteue rung*: http://hisheavenlyarmies.com/documents/the-illuminati-formula-used-to-create.pdf.
2. Anthony F. Sanchez: *UFO Highway*, eBook, http://www.UFO-Highway.com, 2010. Nicht mehr erhältlich (gerüchteweise vom Markt »zensiert«), aber hier als PDF zu haben: http://projectavalon.net/ufo_highway_ebook.pdf. Vgl. https://www.youtube.com/watch?v=TlL8eB1ZNQ0#t=171 und https://www.youtube.com/watch?v=9Ytz3hFh2-U#t=26.
3. http://pctechmag.com/2014/01/tall-white-space-aliens-control-america-nsa-leaked-documents-reveal/, http://www.helpfreetheearth.com/news989_AliensMoney.html, https://www.youtube.com/watch?v=Ur0LNT34MFk, http://www.whatdoesitmean.com/index1730.htm.
4. http://www.dailymail.co.uk/news/article-2535698/Aliens-walk-theyre-refusing-share-technology-change-warring-polluting-ways-claims-former-Canadian-defense-minister.html, https://www.youtube.com/watch?v=2xINSwvNx1A#t=16, https://www.youtube.com/watch?v=UmoSTXRzsoM, https://www.youtube.com/watch?v=T5mkunE_g9U&x-yt-cl=85114404&x-ytts=1422579428.
5. https://de.wikipedia.org/wiki/Equilibrium_%28Film%29
6. Reihen *»Secret Space War«*: http://www.veteranstoday.com/?s=%22secret+space+war%22&x=7&y=2, und *»Alien Agenda«*: http://www.veteranstoday.com/?s=%22alien+Agenda%22&x=8&y=3.
7. *The Wes Penre Papers*: http://wespenre.com/

8. http://www.christliche-reinkarnation.com/PDF/UebHim.pdf
9. Barbara Marciniak: *Boten des Neuen Morgens. Lehren von den Plejaden,* Bauer, Freiburg 1998 (CH), und Schirner, Darmstadt 2004, als PDF hier: http://www.vielewelten.at/pdf/barbara%20marciniak.pdf. (Original: *Bringers of the Dawn,* Bear & Co, Rochester VT, 1992, als PDF hier: http://cdn.preterhuman.net/texts/religion.occult.new_age/occult_library/Marciniak_B-Bringers_of_the_Dawn.pdf).
10. https://de.wikipedia.org/wiki/Raelismus
11. http://www.christliche-reinkarnation.com/RaelAnD.htm
12. Brian Greene: *The Hidden Reality. Parallel Universes and the Deep Laws of Cosmos,* Knopf Borzoi Books, New York NY, 2011. Vgl. https://en.wikipedia.org/wiki/The_Hidden_Reality.
13. *Separation Has Begun,* auf http://revolutionizingawareness.com/category/the-esoteric-agenda-of-humanity/messages-from-emmanuelle-by-langa/. Die darin als Quelle erwähnte Webseite gibt es nicht mehr. Auf Deutsch hier enthalten: http://www.christliche-reinkarnation.com/Zukunft.htm.
14. https://en.wikipedia.org/wiki/Project_Orion_%28nuclear_propulsion%29
15. http://www.bibliotecapleyades.net/ciencia/ciencia_consciousuniverse46.htm sowie *NASA »ORION Will Save Mankind«*: https://www.youtube.com/watch?v=bcXSALuqmZM#t=276
16. Leslie Watkins: *Alternative* 3, Sphere, London 1978. Auch bei Avon, New York NY, 1979. Lange vergriffen, aber später neu verlegt (möglicherweise nicht mehr in der Originalversion): Archimedes, Nantwich 2010 (auch hier erhältlich: https://archive.org/details/Alternative3-33rdAnniversaryEdition). Vgl. http://www.bibliotecapleyades.net/exopolitica/esp_exopolitics_ZK.htm.
17. https://www.youtube.com/watch?list=UUK6ElTMkQx4pPbCE2Fr_9_w&v=9FWHJR0xssI
18. *Stephen Hawking Warns Artificial Intelligence Could End Mankind:* http://www.bbc.com/news/technology-30290540
19. *Elon Musk Warns Against Artificial Intelligence:* http://rt.com/usa/199863-artificial-intelligence-dangers-humanity/ und *Artificial intelligence will be 'more dangerous than nukes':* http://rt.com/usa/177900-musk-artificial-intelligence-nukes/

20. John C. Lilly: *The Scientist*, Ronin Publishing, Berkeley, CA, 1997. Deutsche Ausgabe: *Der Scientist*, Sphinx, Basel 1984 (diese hat einige Übersetzungsfehler).
21. Ray Kurzweil: *The Age of Spiritual Machines*, Viking, New York 1999, und Penguin, London 2000. Als PDF hier erhältlich: https://docs.google.com/file/d/0BwjX_dbOIwbSNjlkYmZkNjEtYjU0NS00NWYwLWE2ZmEtZmI4ODQ2ZjQ1MDhl/edit.
22. *Buddha's Encounter With Mara*: http://www.accesstoinsight.org/lib/authors/guruge/wheel419.html
23. Jan Erik Sigdell: *Wiedergeburt und frühere Leben*, AMRA Verlag, Hanau 2015 (verbesserte Neuausgabe der Edition im Heyne Verlag, München 2008), im Anhang.
24. https://www.youtube.com/watch?v=q4DQqla-q74, vgl. https://www.youtube.com/watch?v=dWXGo7Qkr2w#t=31
25. https://www.youtube.com/watch?v=10rx15v28yk

Über den Autor

Dr. Jan Erik Sigdell, geboren 1938 in Göteborg, Schweden, studierte Elektrotechnik und Elektronik zum Diplom-Ingenieur und promovierte anschließend in Medizintechnik, der Anwendung von Technologie in der Medizin. Sein Spezialgebiet war die Dialysetechnik, in deren Rahmen er auch ein mathematisches Fachbuch über den Stoffaustausch in Hohlfaserdialystoren vorlegte. (Vgl. www.mediconsult-sigdell.com.)

Seine Beschäftigung mit Reinkarnation begann 1974 mit experimentellen hypnotischen Rückführungen. 1979 lernte er Bryan Jameison kennen und wurde von ihm in der nichthypnotischen Rückführungstechnik ausgebildet, die er seit 1980 in seiner eigenen Praxis anwendet.

Im Laufe der Zeit hat er diese Technik weiterentwickelt und um neue Methoden der Rückführungstherapie ergänzt. Auf der Basis der Erfahrungen, die er in Tausenden von Rückführungen machen durfte, schrieb er mehrere Bücher, darunter *Rückführung in frühere Leben* (Ansata 2004) und *Durch den Tod ins Leben* (Ansata 2007).

Bei AMRA erschien 2012 das mittlerweile auch auf Slowenisch vorliegende Taschenbuch *Unsichtbare Einflüsse* und 2015 als Hardcover eine vollständig überarbeitete und um zusätzliche Texte ergänzte finale Jubiläums-Ausgabe von *Wiedergeburt und frühere Leben* (Heyne 2005) mit dem neuen Untertitel *Herausforderung Reinkarnation.*

Einige seiner eigenen Beiträge zur Regressionstherapie sind die effektive Auflösung von negativen (die Seele verletzenden) emotionalen Energien aus der Vergangenheit, der heilsame Umgang mit Schuldgefühlen, ein Vergebungsritual für die Versöhnung mit Seelen, die einmal unsere Opfer wa-

ren oder uns gegenüber zu Tätern wurden, Befreiung von traumatischen Nachwirkungen sexuellen Missbrauchs, die Überwindung von unbewussten Widerständen und der Umgang mit fremden Seelen oder negativen Wesenheiten, die sich an eine Person klammern.

Als freier Christ (nicht an eine Kirche gebunden, sondern am Gnostischen Christentum orientiert) hat er sich mehrere Jahre lang intensiv mit der Erforschung der Vereinbarkeit von Reinkarnation und Christentum beschäftigt und hierüber das Buch *Reinkarnation, Christentum und das kirchliche Dogma* vorgelegt (Ibera 2001). In seinem Buch *Es begann in Babylon* (Holistika 2008) nahm er sich der biblischen Wurzeln in den sumerischen Keilschrifttafeln an.

Die Herrschaft der Anunnaki ist sein erstes Werk über die globale Schattenregierung, den Deep State. Es erschien auch in den USA, Ungarn und Tschechien. Über aktuelle Krisen berichtet er in den Büchern *Die Manipulationen der Anunnaki* und *Der Geheime Krieg der Anunnaki*, das erst kürzlich in einer erweiterten Neuausgabe erschien.

Heute lebt er, nach 29 Jahren in der Schweiz, in Slowenien, der Heimat seiner Frau. Regelmäßig hält er im deutschen Sprachraum Vorträge und bietet Seminare an.

Information und Kontakt

Dr. Jan Erik Sigdell
Dutovlje 105, SI-6221 DUTOVLJE, Slowenien
www.christliche-reinkarnation.com

Register

A

B

C

D

E

M

N

O

P

Q

R

S

Steven M. Greer
OFFIZIELL GELEUGNET!
Das größte Geheimnis der Regierungen wird enthüllt: Wir sind nicht allein!
400 Seiten, gebunden, oranges Leseband
€ [D] 26,99 / € [A] 27,80 • ISBN 978-3-95447-363-2

UFOs sind real. Wir stehen in Kontakt mit Aliens. Freie Energie und Antischwerkraft-Technologie sind im Einsatz. Dr. Greer stellt Dokumente vor, die US-Präsidenten, CIA-Direktoren und Kongressabgeordneten vorgelegt wurden: Multinationale Konzerne machen dank Alien-Technologie Billionengeschäfte und demontieren die Welt. Mit Aussagen von Zeugen der Sicherheitsstufe »Cosmic Secret«, achtunddreißig Stufen höher als »Top Secret«.

Der New York Times Bestseller, der als Vorlage zur Netflix-Sensation »Unacknowledged« diente.

Jason Quitt & Bob Mitchell
VERBOTENES WISSEN
Warum unsere Welt anders ist, als man uns glauben machen will
336 Seiten, gebunden, oranges Leseband
€ [D] 22,99 / € [A] 23,60 • ISBN 978-3-95447-285-7

Begegnungen mit Thoth und den Greys, ägyptische Schlangengötter, ein Galaktischer Krieg, lebende Kristalle und Nikola Tesla ... Der Autor, ein multidimensionaler Zeitreisender, zeigt, dass unsere Welt nicht so ist, wie man uns weismachen will. Denn unser Bewusstsein erhöht sich und lässt uns hinter den Schleier der künstlichen Realität blicken. Wir erinnern uns an unsere Gaben und unseren Platz im Universum.

»Eine unglaubliche Reise durch die unsichtbaren Welten und uns umgebenden Kräfte.« – Len Kasten

Marcel Polte
GREYS
Weltweites Wirken und Entführungen in Deutschland
256 Seiten, gebunden, oranges Leseband
€ [D] 22,99 / € [A] 23,60 • ISBN 978-3-95447-259-8

Tausende von Entführungsfällen durch Greys wurden in den USA bereits untersucht. Der promovierte Jurist Marcel Polte, auch als Heilpraktiker und Hypnosecoach tätig, gleicht sie mit Material der US-Geheimdienste ab, das durch den Freedom of Information Act jetzt freigegeben werden musste. Seine Erhebungen für Deutschland belegen den weltweiten Plan: Eine hybride Mensch-ET-Spezies ist im Begriff, die Gesellschaft zu unterwandern.

Erstmals über Entführungsfälle in Deutschland!

Mehr über Aliens, UFOs und Neues Denken auf www.AmraVerlag.de

Tatsachen, die Sie niemals für möglich gehalten hätten!

Michael E. Salla
ANTARKTIS – DIE VERBOTENE WAHRHEIT
Geheime Weltraumprogramme, interplanetarer Sklavenhandel, Kolonie außerirdischer Flüchtlinge
432 Seiten, gebunden, oranges Leseband
€ [D] 26,99 / € [A] 27,80 • ISBN 978-3-95447-395-3

Seit siebzig Jahren betreibt die Antarktis ein politisches Ränkespiel hinter den Kulissen. Nach einer Geheimvereinbarung mit Eisenhower entstand dort gemeinsam mit den USA ein transnationaler Konzern, der sich auf Basis von Alien-Wissen zu einer gewaltigen Weltraummacht entwickelte. Die jetzt anstehende Offenlegung dieses Global Players wird entscheidend zur Transformation unseres Planeten beitragen!

Vom Autor aktualisierte und ergänzte deutsche Erstausgabe von 2020.

Gregg Braden
MENSCH : GEMACHT
Von der zufälligen Evolution zur bewussten Transformation
352 Seiten, gebunden, oranges Leseband
€ [D] 24,99 / € [A] 25,70 • ISBN 978-3-95447-337-3

Neueste Forschungen zeigen, dass der Mensch, so wie er heute existiert, vor 200.000 Jahren urplötzlich entstand – aufgrund einer Verschmelzung von Genen, die bewusst herbeigeführt worden sein muss. Und von Anfang an zeichnen wir uns durch enorme Fähigkeiten aus, die uns auf Abruf zur Verfügung stehen. Bradens neues Buch überwindet die Grenzen zwischen Wissenschaft und Spiritualität und stellt sich der zeitlosen Frage: *Wer sind wir?*

DER SPIEGEL-Bestseller

Len Kasten
DIE GEHEIME WELTHERRSCHAFT DER REPTILOIDEN
Ihr Ursprung, ihr Sternenreich und ihr Wirken auf unserer Erde
400 Seiten, gebunden, oranges Leseband
€ [D] 24,99 / € [A] 25,70 • ISBN 978-3-95447-319-9

Angefangen bei ihrer ersten Kolonisierung der Erde bis zur Infiltration der großen Regierungen in heutiger Zeit, schildert Len Kasten, wie die Reptiloiden durch raffinierte Intrigen die Menschheit versklavten. Ihre Rolle im Nazi-Deutschland und bei den US-Geheimdiensten wird ebenso beleuchtet wie die Unterstützung der Illuminaten, ihrer menschlichen Verbündeten an den Schaltstellen der Macht.

Das erste umfassende Enthüllungswerk!

Alle Bücher auch als eBooks. Leseproben auf www.AmraVerlag.de